호랑나비와 개미장딩이

하나로 선
-사상과 문학 시인선-

호랑나비와 개미장딩이

초판발행 2024년 12월 12일

지은이 류용하
펴낸이 박영률
펴낸곳 하나로 선 사상과 문학사
인쇄기획 엔 크

출판등록 제2012-000301호
주　　소 서울시 마포구 토정로198 영풍@ 101동 상가 204호
전　　화 02) 326-3627
팩　　스 02) 717-4536

메일주소 holyhill091@hanmail.net

ＩＳＢＮ 979-11-88374-56-4 03810
정　　가 12,000원

*인지는 저자와 합의하에 생략하며 잘못된 책(파본)은 교환해 드립니다.

호랑나비와 개미장딩이

| 류용하 제4시집 |

하나로선
사상과문학사

시인의 말

우리는 매일 길을 나선다 세상을 향해서 그 길은
여러 갈래이며 그 길이 어떠한지는 가 보아야 알 것이다
또한 그 길을 만들고 다듬고 남기고 추억함도 우리들 각자
모두의 몫이 아닐까 한다
그런 길을 적고 노래함은 무척 조심스러우면서도 벅차다

한강을 벗하여 물소리 바람 소리 새소리 세상의 소리에
귀 기울이며 삶과 생의 안과 밖을 들여다보고 가늠하여
셈해 봄을 감히 싯귀로 표현하게 되고 제 4 시집으로
발간하게 되니 무한한 영광이 아닐 수 없다

우리가 가는 길에 영광과 행복 올바름이 보람된 삶이
그득히 펼쳐지기를 다 함께 염원해 보며
평설을 써 주신 박영률 박사님께 감사의 말씀을 드린다.

2024년 11월

차례

시인의 말 …… 5

1부 새벽바람

호랑나비	15
새벽바람	16
봄볕	18
경칩	19
벚꽃 아래에서	20
신록	21
도화	22
버들개지	23
4월이 오면	24
창포	25
도라지꽃	26
개울	27
홍매화	28
붓꽃	29
늦여름 버들잎	30
코스모스 나를 때	31
가을 문턱	32
강과 하늘	33
떡갈잎	34
낙엽이 물들 때	35
단풍잎처럼	36
들국화	37
낙엽 씻는 소리	38
고즈넉한 사랑	39

2부 길을 찾아서

아침이 오는 길목 … 43
하늘길 … 44
봄이 오는 길목에서 … 45
주마등 … 46
난지의 별밤 … 47
눈길 … 48
초승달 … 49
눈물방울 … 50
춘분 … 52
우수 … 53
눈과 바람 … 54
세풍 … 55
철길 따라 … 56
허름 … 57
운명과 마음 … 58
따뜻한 마음 따뜻한 손 … 60
동지 … 62
갈등 … 63
곁가지 … 64
까마귀 … 65
바람과 모래 … 66
내 안의 영혼 … 68
바람길 … 69
세월은 구름 같이 … 70

3부　종소리

종소리	73
개미장딩이	74
강버들	75
그날	76
무말랭이	77
아침의 영혼	78
거짓과 부끄러움	79
성산대교	80
개똥벌레	81
참새의 숨바꼭질	82
방망이	83
허수아비	84
뱃머리	86
바람꽃	87
나리	88
바람 소리	89
구름을 보다	90
염천과 보름달	92
장대비	93
8월의 보름밤	94
반지하	95
억새꽃	96
영혼이여	97
불빛	98

4부 생의 여울

생의 여울	101
발차기	102
삶	103
등짐	104
손주 그림	105
놀이터 아침 손님	106
손녀의 당부	108
별들의 행진	109
빛과 그림자	110
구름	111
그님	112
별똥별	114
짙어진 라일락 향내	115
친구	116
감회	117
사미정 가는 길	118
우근 지기	120
동기	121
무의도	122
산사	124
서러움	126
축서사	127
성지순례	128
영월	129

5부 그리움과 연정

어매별	133
할머니	134
설야	135
설과 어머니	136
경포의 추억	137
아내의 모습	138
오징어 다리	139
솔방울	140
청솔 열정	141
함께한 50년	142
꿈꾸는 병산리 교정	144
부석중 건아여	146
부용대芙蓉臺	147
복지구현의 함선	148
아! 현충원	150
남산시민대학	151
남산시민대학은 청춘대학	152
임인의 소망	154
달님과 토선생 새해를 열다	156
여의주 한아름	158
소백의 문경지우刎頸之友	160
아! 제일인이여!	162
남산시민대학의 꿈	164
청와대	166

평설 | 아련한 그리움의 정이 넘치는
　　　　「류용하」의 시 세계　　　169

저녁해와 달무리
필자 2023.11.17 한강망원공원에서 촬영

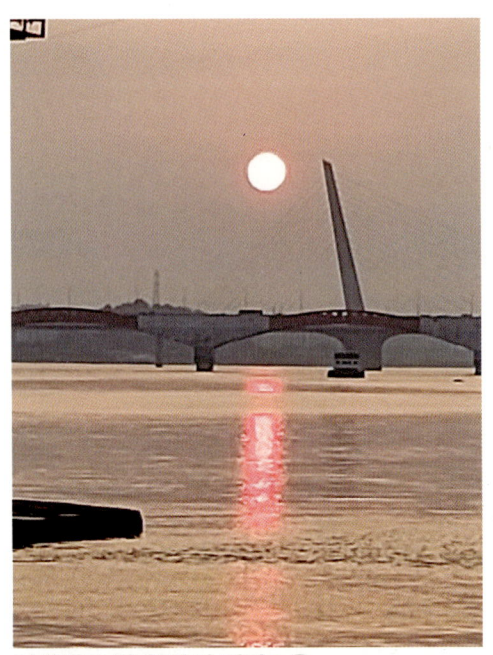

성산대교 앞 한강의 저녁노을
필자 2023.7.20 양화대교 밑에서 촬영

꽃밭에 누워있는 나
손녀 류지상 그림 2024년 초등 3학년 교내대회 금상

1부

새벽바람

소풍
손녀 류지상 그림 2022년 초등 1학년 교내대회 금상

호랑나비

화관 바람에 얹혀 산허리 이르고
냇가 송사리 떼 지어 달음박질
할 적
햇무리 달무리 옛 얘기 한 묶음 되고

보내버린 그 날도 뛰쳐나올 내일도
오늘의 자락도 알록달록 한 마리
나비 되어

앞섶 치맛자락 바지가랑이 살포시
내려앉으니
머리도 마음도 한 우리 무 등
타고

그 님 내 님 마음과 마음 얼싸안고
모란꽃 지천인 피안으로 훨훨
나른다.

새벽바람

눈뜬 창밖 깔려있는 어둠 무거운 느낌
힘실은 어깨
운동화 끈 조이고 나서는 새벽 운동

영하의 날씨건만 상쾌한 새벽바람
한껏 부푸는 마음
옹기종기 산수유 열매 아침 요기 분주한
직박구리 한 쌍

바람 시절 따라 세기도 밀도도 달리하니
고요하기도 세차기도
바람에 얹히는 이내 마음 밤새 어지럽든
번뇌 망상 모두 모두 실어 날린다

휘두르는 손끝 발끝 양변의 집착을 자르고
분별심을 떠나 내 안의 불성을 찾아
기를 모으고 뛰고 달린다

새벽바람 타고 우주 만물 연기 중도의
근본을 새기고 새겨
하심과 연민이 어울려 대립 갈등을 버리고

모두가 하나임을 깨달으며
영원한 행복으로 가는 길로 끝없이
달려간다.

봄볕

산하 덮는 봄볕의 전령 종종걸음
강물 거슬러 오르고
엄동설한 이불 삼아 품속 깊숙이
갈무리한 서기

한껏 부푼 봄내 터트리며 삐쭉이
고개 들고
새봄 언덕 뛰어올라 노랑 초록
봄 단장 서두를 때
떠날 채비 철새 나래 봄볕 업고
힘을 돋운다

강언덕 꽃님 마음 샛노란 꽃잎 되어
봄볕 채색하며
비바람 염천 지나 열매 한 짐 가득
꿈꾸고 씨앗 뿌리는 친구
기지개 켜
봄바람 되어 봄꽃 찬가 나른다.

경칩

개눈 뜨고 퍼덕이는 사지 위에
하늘의 심술이 덮친다
보는 것이 유죄인가 무죄인가
알리는 것 또한 유죄인가 무죄인가

봄바람에 묻어온 속사정이 나를
깨운다
오는 것인가 온 것인가
알 것 같으나 아직은 아닌 것
같기도 하다

구름 걷히고 햇빛 쏟아질 때면 들어
나겠지
말의 성찬 뻔뻔한 얼굴 이상한
걸음걸이
시린 손 비비며 떠나는 설풍의 창을
닫는다.

벚꽃 아래에서

봄볕 물오른 가지에 하이얀 사연 얹고
방긋 수줍은 미소 옹기종기 서리고
맞잡은 뜨거운 연정 하나 되는 사월

고개 들어 살피는 새싹 새순 새봄 찬가에
들썩일 때
마주한 사랑의 눈망울 모바일에 담겨지고

젊은 연인의 연분홍 꽃무리 속삭임
노부부의 농익은 노익장 벚꽃 향기에
녹아드니

정겨운 봄날의 정취 만개한 꽃들의 잔치
속에
들바람 강바람 옷깃에 싸여 화환 쓰고
춤추고 노래하는
화창한 봄날이 흐드러진다.

신록

사물의 대부분은 잠을 잔다 잠은 세상을
고요하고 편안하게
또 모든 다툼과 서러움 기쁨도 멈추게 한다

어느덧 동절의 깊은 잠 그 속을 벗어난
산천에
꽃잎과 풀잎 나뭇잎이 환상의 꿈길을
수놓는다

이 시절 밤바람을 가르는 두견의 사랑을
흘리시며
밤새워 애쓰시던 어머님의 그 정성을
또 새기며

종심을 넘어서도록 못 깨우친 참의 진리와
선지식을 새삼 꿈꾸며
날로 더해지는 신록의 품 안에서 남겨진
강물을 거스른다.

도화

들바람 몰려가는 언덕바지
연분홍 꽃잎 나래 펼치고
울긋불긋 채색된 마음
회색 도시 덧씌운다

그믐밤 한입 깨무니
별의 눈물 정수리에 젖어들고
달콤한 풋사랑 곱씹으며
순정의 치맛자락 펼친다.

버들개지

세상을 찾는 만물은 생애의 첫날 대부분
두 눈 감고 세상을 만나며
때로는 고고성을 울리고 고개를 삐죽

온갖 희귀한 만상 찾기 위해 시간을 두고
뜸들이는 모양이다
새봄을 알리는 첫 님 노랑송이 버들개지도
한몫 거들며 하늘거린다

이쁘고 뽀송한 환한 얼굴에 보고픔까지
품는가 보다
밤비 내린 산천의 싱그러운 바람결
엉켜진 구름의 자락에

보내버린 동절의 고단함도 숱한 고뇌도
묻어버리고
소리 없이 피어나는 절색의 미소 태초의 가슴
그 깊숙이 숨어들어
수많은 이야기 하늘 높이 나른다.

4월이 오면

봄바람 스치는 강언덕 버들개지
눈 뜰 적
닫혀버린 이내 마음도 눈을 뜨고
눈보라 속 사라진 그님의 짠한 뒷모습
꽃신을 준비합니다

복사꽃 같은 환한 미소 나목에 걸릴 때
사라져간 영혼을 추억하며
참았던 눈물 환희의 고리 되어 울긋불긋
사랑이 영그는 초록 바다 이루고

아지랑이 등에 올라 춘향 가득한 꽃가마를
그립니다

시샘하는 꽃샘 몰아낸 들녘
춘정을 자아내는 새들의 사랑 노래
휘몰아치는 장단에 얼싸안은 봄색시
그대 품속에서 봄날은 깊어집니다.

창포

고운님 맞는 그 날 하늘은 파랗게
물들고
들길 수놓은 들꽃 꿈결 같은 마음
그려낸다

윤 빛 삼단 머리 감아올려 궁궁이
치장으로
쌍 그네 연분홍 치맛자락
흰 구름 차올려 세상 시름 날린다

청춘을 얼싸안은 강강수월래
청운의 푸른 꿈 연정을 그리고
익어가는 청보리 포기마다 든든한
힘 실리네

젊음이 소용돌이치던 뒷동산
참나무 그늘 아래 아련한 추억은
드렁칡꽃 향기 되어 흩날린다.

도라지꽃

푸른 물결 흰 돛 곱디곱게 산기슭
맴돌고
비단 자락 펄럭이는 선녀의 볼우물
뿌리박힌 정념 솟구치는 열정의
샘

나누고 보태는 생의 찬미
청춘의 심벌인 양 푸른 나래 한가득
뜨거운 연민
마음마다 가득히 실어 얹고

심심산천 푸르고 흰 고운 마음
꽃잎마다 영글고 그네 영혼 함께
하니
살리고 이루어 살포시 한 밭 되어

영원한 사랑 한가득 얼싸안고
짙푸른 사랑 내음 방방곡곡 드리우네.

* 도라지꽃 꽃말 - 영원한 사랑

개울

따사한 햇볕 한가득 흐르는 물가
한낮의 졸음이 서리고
수초 가장자리 피라미 떼 사랑을
이을 때

건너뛰는 연인 발걸음 돌부리에
채이고
건너편 빨래 돌 닦는 그녀 손길
물속에 어리는 님의 숨결 한가득
움켜쥐니

개울 속에 비치는 그날의 달콤한
연정
잔잔한 물길 따라 굽이굽이 굽돌아
모래무지 마냥 뜨거운 가슴
깊숙이 스며든다.

홍매화

푸른 옷 던져버린 까만 가지에
삼월의 분홍 햇살 숨어들고
떠나보낸 님 마중인 양 붉은 입술
파르르 떨고 있다

아직은 못 다 보내버린 그 날의
달콤함
잊을 수 없는 세월의 잔상 붉디붉게
물들이고

봄바람 먹 감으며 새봄 왈츠에
온몸 맡긴 붉은 꽃잎 새색시 되어
새봄을 그린다.

붓꽃

빨강 노랑 파랑 무리지어
화용월태
불타는 연정 고백할 제
햇님 윙크에 부끄럼 가득 품고
비단자락 여민다.

늦여름 버들잎

이글거리든 햇빛 저녁바람에
힘을 잃고
강 언덕 버들가지 열하의 그늘이
걸릴 때

보내버린 그날의 애절한 연정
강물에 얹히고
못 다한 고백 아롱 새겨진
버들잎
강 따라 띄우며

얽혀진 인연의 굴레에서 나를
찾아
헛된 욕망과 집착을 버리고
더 두터운 연민의 정
한 아름 가득히
이 늦여름 한가락 버들피리 소리에
실어 보낸다.

코스모스 나를 때

한 자락 둔치 갈바람 스치니 햇살
가득 머금은 가녀린 그루 터
어디서 본 듯한 그 허리 가냘프고도
꼿꼿하니 떠나버린 연분홍
그 님인가

담았다 쏟고 또 담아 한 짐 가득 짊어진
숱한 연정들
보고 접은 날 고이고이 펼치니
새록새록 더욱 사무쳐 맴돌고

붉고 희고 연한 곱고도 이쁜 마음
한가득 내 안에서 숨죽여
살포시 자리하니
뜰 안 가득 채워진 꽃님 향연 되어
하늘 하늘 높이높이 나른다.

가을 문턱

강가 풀 섶 이슬 맺혀 속삭이고
풍성한 난지 뜰 코스모스 벌 나비
불러
숨바꼭질 여념 없고

창가 두드리는 솔바람은 염천에
찌든 영혼에
생기 불러 모으며
푸르른 초목은 엄동설한 견딜
온몸 단장 바쁘네

고개 숙이는 나락 조 이삭 살찐 양대콩
가을걷이 준비하고
높다란 창공 짙푸른 물결
풀벌레 노래 요란한 추절의 숨소리
한낮의 열기를 몰아낸다.

강과 하늘

강엔 조약돌 하늘엔 초승달 강엔 수초
하늘엔 조각구름

강엔 어머니 빨래터 하늘엔 아버지
밭갈이

강엔 고기 비늘 하늘엔 새털구름
강엔 우리네 인고 하늘엔 샛별

강바람 하늘바람 모두 모두 정겨운
사랑 노래 들려주고

보람된 오늘 희망찬 내일 강가 하늘가
힘차게 살포시 흐르고 흐르네.

떡갈잎

세찬 비바람 몰아칠 때
두터운 떡잎 펼치고 끄떡없이
버텨왔고

도토리 품으며 비탈을 달리는
아기다람쥐 굽어보고

언젠가 찬 서리 내릴 제 이별을
고하고
제 할 일을 마감하며

다가올 또 한해를 꿈꾸고
오늘도
떡갈잎은 가쁜 숨을 몰아쉽니다.

낙엽이 물들 때

새파란 하늘 흰 구름 간간이 세상 만물을
덧씌우고
가는 한여름 아쉬운 듯 뙤약볕 심술부리니
물오른 이파리 새 손님 맞이하네

강나루 풀 섶 풀벌레도 세월이 아쉬운 듯
목청 드높이고
계절의 전령 고추잠자리 성급히 떼 지어
나르네

갈바람 스치는 섬돌 호젓한 하루
해질녘 불타는 놀에 묻어 보내고
낙엽이 물들 때 찾는다던 내 님은 아직인가

섬섬옥수 접은 사연 눈가에 내리고
강남제비 품속 갈무리된 사랑 이야기
낙엽 쌓이고 흩어질 그 날 임 그리는
연정되어
만추의 창가에 나래를 접으리.

단풍잎처럼

어느새 바람은 곱디고운 붉은 시절
몰고 오고
나뭇가지 풀잎은 푸르른 영혼을 여의고
빨간 숨결 움켜잡아 품속 깊숙이 갈무리 하고

세월의 수레에 온갖 잡동사니 얹혀
한 짐 가득 밀고 당기고
무수한 고뇌와 갈등 환희와 애환 보듬고
갈고 녹여 생의 여울을 채웠네

뿌리 깊은 나무에도 뿌리 없는 풀잎에도
단풍은 오고
세상사 단풍을 어찌할 수 없으나
그 색깔은 천차만별이니

단풍이 낙엽 됨은 지난날을 묻고
새로움을 힘을 또 준비함이므로 우리도
단풍잎 되어 한세상 보내고 맞이하고
채색하리라.

들국화

오솔길 굽어진 모롱이 갈바람에
산새 사랑 이야기 들리는 듯하고
보내버린 세월의 흔적 추억의 보따리 되어
솔가지 위에 주렁주렁
언젠가 돌아갈 안마당을 그리고

산딸기 같은 님 보듬어 안은 넓고 깊은
정성과 은총 한가득 짊어지고
모나고 둥글고 곧고 구부러진 여생의
길 위에
청사초롱 무지개 되어 서리고

삶의 무게 견디는 자아의 깨침에 늘
부족하고
우주 만물의 존재 원리 헤아리는 깊은
골짜기
그 언덕에 내 안의 화신으로 들국화
송이송이 지혜의 덩어리 국 향 만방에
흩날리네.

낙엽 씻는 소리

산허리 감싸는 안개비 뒹구는 도토리에
젖어 들고
늦은 저녁나절 재촉하는 발걸음에
하루를 맡기며

또 하루 보내는 심사는 스치는 추절의
샛바람 소리에 그 문을 열고
알듯 말듯 엉켜진 고뇌의 실타래를 풀고

하심에서 겸손 배려 존중을 되뇌이며
번뇌 망상에서 벗어나 스스로를 깨쳐
지혜를 얻는 자아 해탈을 셈해보고

한해를 마감하며 떨어진 낙엽을 씻는
새로운 계절을 준비하는 시절의
바람 소리 빗물 소리 귀 기울이며
멀어지는 날들 등어리에 오른다.

고즈넉한 사랑

창가에 고즈넉이 걸린 달빛 우러르며
새벽 별과 함께 님의 팔베개를 그리워한다

배앓이 잦은 아기 가슴에 뜨거운 입김
불어넣는 그 님의 애절함
묵묵히 큰집 그리며 한 발작 물러선
그 님의 크고 깊은 가르침

늦은 귀가에 까치발로 애타든 그 님의
이슬 맺힌 눈망울

따뜻한 눈길에 성원을 아끼지 않든
그 님들의 소리 없는 함성
바람이 달빛을 흔들 때 조금씩 이내 가슴
한 자락에서 피어오르니

못다 익은 내 청춘의 한스러움도 그리움도
아쉬움도 한 가락 안도도 모닥불 되어
꺼질 줄 모른다.

2부

길을 찾아서

놀이터
손녀 류지상 그림 2023년 초등 2학년 교내대회 금상

아침이 오는 길목

별마저 자리 뜨고 돌개바람 손 흔들고
파릇파릇 새순 기웃기웃
봄 노래 장단에 휘감는 순정
열린 앞가슴

정한 수 물동이 정기 담아 이고 지고
이른 밥상 든든한 하루
앞서거니 뒤서거니 발걸음 분주하네

붉은 햇살 산과 들 길목을 감싸 들일 때
산새 들새 집 떠나는 오리무리 목청
가다듬고
물가에도 하늘가에도 꽃비 나리는 여명

꽃 선녀 치마폭 하루 숙명 그려 넣고
서기실은 야생마
오늘의 보따리 짊어지고 내 안의 피안 길
꿈꾸고 그리며 뛰고 달린다.

하늘길

강가 조약돌 노래하는 물결에
길을 묻고
머나먼 길 굽돌아 달려와 뒤돌아
볼 적

구름의 심술 햇님의 배짱 엇박자
갖은 풍상의 옷 입고 벗고
종심도 팔순도 뒤안길 되니

아련한 기억 속에 멋들어진 파노라마
고개고개 넘어서고

백 년을 향한 하늘과 노을의 합창
난지 뜰 스며들어 어깨동무
정겨운 억새꽃 되어 춤춘다.

봄이 오는 길목에서

언덕바지 훈풍이 몰고 온 봄기운 나목을
스칠 때
눈보라 찬서리 심술에 숨죽여 새날
기다리던 산 풀 기지개 켜고

산골 마지막 남은 얼음장 밑 흐르는 물
봄 오는 소리 힘 모아 합창하며
한겨울 끝자락 신들리게 녹여 내고

산 너머 들판 숨어있든 들풀 새 손님
맞아 들썩일 때
봄볕 타는 아낙 나물 캐는 치맛자락에도
아지랑이 피어오르고

벌 나비 춤사위에 세상 시름 얹혀 흩날리고
따사한 그 님 품속 뛰고 달리며
깊숙이 숨어든다.

주마등

세월 등에 올라 하늘 끝자락 쫓아
가고
별을 헤고 달을 그리며 쏘아올린
삶의 무게 버티고 견디어 온 명장면들

소소한 찐한 뜨거운 열정 가슴
언저리에 웅크리고
단 한편의 장편영화 같은 편린의
나날들
무엇을 하고 무엇을 얻고 무엇을 남겼나

망각 속을 헤매다 웃고 울며 떠나보낸
인생사
얽히고설킨 아쉬움 보람됨을 엮고
펼치며
떠도는 바람결에 실어 더듬고 추억하여
아련한 한줄기 휘황한 불빛으로
되돌린다.

난지의 별밤

지란이 가득한 하구언 오명의 굴레에
서글프고
코를 막는 외면에 눈물이 강을 덮었다

가슴팍 헤치며 오체투지 성스러움 된 터전에
세상의 잡동사니 켜켜이 품어안으니
살신성인이 따로 없구나

상전벽해 우거진 초목 사이 흐르는 별빛에
심신을 누이니
저 아래 아우성도 이 밤의 세레나데 되어
별친구 보듬는다

큰 별 작은 별 엉켜진 세상사 녹여내어
희생과 봉사 공정 지란지교 사랑의 솜사탕 되어
내리고

목마른 사슴 되어 허덕이든 이내 마음
가는 길 일러주는
더욱 반짝이고 찬란한 난지의 별밤.

눈길

어둠이 내리는 강언덕 내 창을
넘어오는 그윽한 눈길
한잔 술에 세상 시름 담으며
허공을 휘어잡든 호기 저만치서
서성이고

까까머리 그때도 장발의 그때도
변함없는 연리지
떨어지는 유성에 실어 보낸
긴 세월

청보리 익어가는 밭둑 복사꽃 같은
한아름 청춘
깊어가는 밤 달빛 그늘 아래
희미하게 서리고

출렁이는 강줄기 타고 유유자적
들다보는 여백의 세월.

초승달

햇님 서산에 밤 손님되어 보금자리
찾아 떠나고
초승달 아래 황혼의 노을 먹구름
천상의 심산유곡 불로장생 옥만루 만들어
뭇 중생을 유혹하고

지상의 축생 초목 앞다퉈 기산 기수 찾아
뛰어 다르고
밤길 떠나는 선남선녀 무지개다리 건너
도피안을 꿈꾸며

해탈의 문을 여는 기도 속에 또 다른
하룻밤 열어가고
우주만물에 일체되어 참의 지혜를 찾아
저 초승달에 올라
낮과 밤의 경지를 쫓아 또 하루를
이어가리.

눈물방울

눈은 사방에 있고 보기도 하고 싹을
틔우고 눈물을 흘리기도
천리안도 있고 근시안도 있고 감은 눈도
있고

희로애락에는 어김없이 눈물방울이 따르고
우리 마음은 눈을 창으로 하고
보는 눈에 따라 그 마음도 천차만별

혼돈의 세상 활개치는 불의에는 영명한
혜안이 반드시 필요하고
눈을 가리고 어물쩍 눈감고 못 본 척
모르는 척하는 눈은 아니어야 할 것이 아닌지

악어의 눈물이라도 있는지
눈물이 없는 새는 아닌지 알 수 없고
이 세상 다하는 날 한 방울의 눈물도
남기지 않는지

참을 보는 부릅뜬 두 눈이 더욱 필요한
세상이 아닐까
나도 두 눈을 부릅떠 본다.

춘분

봄비 스쳐간 자리 파릇파릇 새싹이 살짝
기지개 켜고
양지바른 산비탈 꿋꿋이 견디어 온 나목
물오르는 소리에 선잠을 깨고

억겁을 두고 지켜온 삼라의 순리는 오늘도
어김없이 앞과 뒤를 반분하네

세월 속에 영글어진 인연 또한 언제나
제자리에서 두툼한 정과 마음 따뜻이 품어
보듬으니

어깨동무 발맞추기 그 시절 곱새기며 즐겁고
들뜨든 끈끈한 인정 한 묶음 되어 저미어
안긴다

옛날 옛적 꿀 같은 새봄의 아지랑이
남은 생의 여백 앞자락에 살포시 스며들어
화창하고 다감한 봄날의 찬가 소리
드높이네.

우수

하늘이 열리나 했더니 어느새 봄눈이
대지를 감싸고
뒤뚱거리는 오리 모양 삼라는 제대로 서지
못합니다

어설픈 희망가를 부르는 군상들이 활개 치는
못난 세월 속에
곧은 심지 껴안은 신파의 구세주는 어디에서
웅크리고 있습니까

이 백설 녹아내리고 훈훈한 남풍 맞을 적
선잠에서 헤매는 우리네 일상도 눈뜨고
대지를 박차며 힘 오른 뒷다리 더욱 힘주는
개구리 등에 올라

그간의 설움 씻어내려 앞집 뒷집 다 함께
손잡고
새날의 복됨을 찔레꽃 필적 희디흰 고운 님
향기 속에 올라 어화둥둥 노래합니다.

눈과 바람

눈이 내리는 아침 다리 위에도 강물에도
앙상한 나뭇가지에도
한겨울 그 추위 오그라진 마음에도

덮는다 세상사 지난날 이야기도
오늘 아침 이야기도 어쩌면 내일의 이야기도
덮을지 모른다

덮어진 눈발 위에 바람 스치며 덮어진 이야기
들춘다
들추어진 이야기 바람에게 속삭인다
지난날의 온갖 사연도 오늘의 차가움도
내일의 따사함도

거짓이 아닌 진실인 이야기 오래 기억되고
사랑받는 연민과 참회 속의 그런 이야기들만이
기를

이 아침 눈과 바람은 만들고 기억하고
덮고 들추며 이야기 속 또 하루를 엮어 간다.

세풍

물결 그 속에 강을 가두고
노을이
채색한 붉디붉은 세상살이
여밀 때

바람이 휩쓸어 간 세월의
여적에
연민의 굴레가 씌워지고

목마른 사슴마냥 청춘의
도가니
흘려보내니

우여곡절 북풍한설 세찬 풍파
그날의 황토물 노도 되어
길고 긴 여운을 남긴다.

철길 따라

뻗고 뻗은 기적이 움켜쥔 그 길
밤에도 낮에도
천둥 번개 비바람 뙤약볕 한참일
때도

삼삼오오 사철 발자욱 소리
잠재우며
두고 온 고향의 흙냄새도 그님의
숨결도

고단했던 나날도 꿈에 부풀던
그 순간도
아련한 청춘이 던져버린 땀방울도
시렁에 얹혀진
늙음도
주섬주섬 걸머지고 치닫고 머문다.

허름

얼기설기 대롱대롱 거미줄 같은
세월
바람에 날리고 천둥 번개에 목메이며

누덕누덕 기워지고 닳고 헤지고
오그라진 나날

헛간의 송아지 장닭 목청 드높일 때
차질지 못한 반죽 한 짐 가득 짊어진
영혼

아직도 번뇌 망상 집착을 건너지
못하고
허름한 한 벌 옷 헹구고 짜고
밟는다

운명과 마음

세상에는 우주 만물 천지 낮과 밤이 있고
구름과 바람 산허리 골짜기 바다가 있고
생물과 광물 사람이 있다

사람은 운명을 타고나고 운명에 기대고
탓하기도 하지만
사람에게는 마음이 있고 마음이 사람을
움직인다

마음먹기에 의해 생을 결정하고 살아가고
마음 쓰기에 따라 운명이 결정되고
생과 삶의 모양 크기 질이 달라진다

선한 마음 악한 마음 온갖 마음에서
나와 다른 이를 살리고 죽이는 모든 것이
각자의 마음에 달린 것이 아니겠는가

운명을 탓하며 마음을 다스리지 못하는 자
세상을 어지럽히며 활개 침에 거침이 없는 자

운명의 굴레를 벗기고 올바른 마음의
족쇄를 채워 천지 만물을 편안케 함은
언제가 될른지.

따뜻한 마음 따뜻한 손

어느덧 세월의 굴레 한해의 종착지에
다다르고
찬바람 눈보라 파고들어 한여름 뜨겁던
열정
숨막히든 질주 잠시 쉬어갑니다

일구고 가꾸고 보듬던 나날 익기도
설익기도
삶의 구석구석 엉기고 흩어져
인생 역정 온갖 수 화폭 되어 펼쳐지고
갈무리합니다

떠오르고 넘어가고 차고 비우고
마음 가득
자리한 하늘의 이치 순리 찾고 쫓아
신명을 불태웠는지 새삼 헤아리고
못다 한 그날 땅거미를 바라봅니다

마음과 손 우리 안팎 곳곳에서 생동하고
어우러지고 남기고 흩뿌려
환희와 애환 고난과 행운 만들고 녹여
아름답고 따뜻하고 연민 가득한
또 다른 한해 두 팔 벌려 맞이합니다.

동지

세상 사물 이치 어긋남이 있었든가
물리력에 의한 어울림은 변함이 없다

낮과 밤의 척도가 같고 음양의 이치가
한 치도 어긋나지 않는 자연의 굴레에
경건해지고 또 소박해진다

여기에 인간의 세상이 더해지면
복잡하고 어지러워지고 번뇌가 따르면
무원칙이 판을 친다

과학을 모르는 시대에는 팔괘와 무속이
사람을 지배하고 문명의 시대에도
거짓과 참이 세상을 휘젓는다

우리가 동지의 참뜻을 헤아리며
세상의 변곡점에 조용히 올라
겸손해지고 진실함을 가득 채운다면
더욱 황홀해진 낮과 밤이 되리라.

갈등

아침이 오고 또 밤이 되니 낮과 밤은
내 내면의 다툼을 뒤섞어 놓고 다툼의 방향이
어딘지도 모르면서 헐떡이는 신음만
토해낸다

알다가도 모르는 것이 사람의 마음이라
했든가
잊어버릴 건 잊고 알건 알기만 한다면
천하의 금상첨화 그것일 텐데

차라리 뻐꾸기 마냥 남의 둥지 남의 모정을
가로채는
그런 뻔뻔함이 내 삶의 갈등을 잠재울지도
모른다는 괘념에 빠짐은 어떨지

집착과 분별을 떠나고 올바름에 마음을 맡겨
나날이 소용돌이치는 생의 굴레를 벗기고
중도의 고요함 속에 안착할 그 날을 기다려
본다.

곁가지

새싹 돋더니 어느새 가지 위에 바람이
얹혔네
바람은 쉴 새 없이 가지에 속삭이고
속삭임에 묻혀온 아랫동네 절절한 사연들

가지에 깃든 산새 비바람 헤치며
먹이 찾고
고개 내민 햇살에 벌 나비 꽃잎 찾을 때

숨겨둔 순정 노랫가락 되어 산기슭을
맴돌고
가슴속 깊숙이 응어리진 숱한 염원들
곁가지 되어 흔들리네

아픈 다리 쉬어가듯 오늘 하루 또 묶어두고
내일의 새로운 나날 기다리며 각박한
세월을 여왼다.

까마귀

아침 햇살 구름 사이 아침이 동동거리고
바람결 추엽을 감싸며 느티가지 끝의
길 소식 까치 영역 지키려 날개짓에
분주하고

귀한 대접의 까마귀 도심 상공에서
까악까악 짝 찾아 아침의 고요를 깬다

감나무 배나무 울타리 수수밭
떼서리로 흔했고
검은 깃털 울음소리 악귀 몬다고 훠이훠이
쫓김의 신세였건만

효자 새로 해충 속아내고 약재에 몸값
오르지만
세태의 변화 속에 도태지경이니

이 아침 까아악 소리에 올리는 발차기
더욱 힘을 주며 섬김과 우애의 정을
새삼 되새기는 또 하루를 열어간다.

바람과 모래

봄바람 솔바람 소슬바람 하늬바람 춤바람
늦바람 치맛바람 소매바람 손바람 선거바람
훈풍 미풍 폭풍 태풍 광풍 토네이도
춘풍 추풍 삭풍 동풍 서풍 남풍 북풍

은모래 금모래 실모래 왕모래
가는 모래 굵은 모래 강모래 바닷모래

바람과 모래는 세상을 휘젓고 쌓고
허물고
구름 모래를 몰고 언덕 사막의 폭풍을
인간사 곳곳을 파고든다

사상누각도 튼튼한 콘크리트 터전도 있다
미풍 훈풍 춘풍 추풍에 삶은 풍요롭고
삭풍 폭풍 태풍 광풍에 어지럽고
고달프고
치맛바람 선거바람에 세상이 시끄럽다

산천초목 뭇 생명체는 바람을 맞고 모래에
뿌리를 내린다
상식과 공정 복된 바람 소용 있는 모래를
갈망하며 찾고 나선다

바람과 모래의 위용과 소용을 셈하고
쓸모 있고 덕 있고 복된 세상천지를
꿈꾸면서.

내 안의 영혼

달이 뜬다 별들을 달고 적막을 가르며
하늘을 깨운다
들판을 휘감는 영감을 쫓아 어둠을
밝힌다

열두 가락 장단에 이글거리는 화염이
용솟음친다
숨을 멈추고 그날의 군상들을 헤집고
꿰뚫어 비추어 본다

내 안을 셈하는 야바위꾼의 술수를
몰아내고
청정 폭포수 흠뻑 들이키는 꿈을 꾸며
벌거벗고 춤을 추나

뿌리 깊은 나무 되어 바람 잠재우고
수 놓는 오색구름.

바람길

반드시 가야하는 길 올 때도
혼자
갈 때도 혼자

아무도 손잡고 함께 가지
못하는 길

무엇을 얻고 무엇을 남겼나

인연의 굴레 세월의
강가
한 귀퉁이 세워두고

봄눈 녹듯 바람같이 홀홀이
떠나는 길.

세월은 구름 같이

구름 위에 흰 수염 펄럭이는 생의
허깨비가 보였고
마당 가 잡초더미에도 삶의 흰 그림자가
웅크리고
밤송이 속에 밤알같이 세월도 영글어 저만치
구름에 얹혔네

바람과 구름은 날리고 흩어지면 모두가
공인 것을

만물도 인간도 지수화풍 자연에 하나일
뿐이고
바람과 구름 같다 하네
어제도 내일도 아닌 오늘 이 순간이 있을
뿐이니

바람과 구름과도 같은 인생
지난날은 바람 따라 구름 따라 흘려버리고
오늘을 비우고 채운다.

3부

종소리

엑스레이 돋보기
손녀 류지상 그림 2024년 초등 3학년 교내대회 은상

종소리

준령 고갯마루 흰 구름 쉬어가고
화강암 기가 넘쳐 장부의 기개인가
세월 어지러운 잔상 품어 안 듯
험한 능선 솟구치어 치악이 되었구나

찢고 갈리고 이전투구의 억지
산허리 저편 굽이치는 허덕임
보은의 종소리에 실어 울리고 녹이고
일깨우네

기를 모으고 정진하여 산마루 휘어잡고
까만 하늘 무수한 별빛
산정 맴돌아 악신을 쫓고
달빛 정기 심신을 꿰뚫어 행군다

산사 원시림 정취에 묻혀 자아를 깨치고
번뇌 망상 집착의 저 언덕을 건너
유유자적 피안의 골짜기를 이룬다.

개미장딩이

비바람 염천 거세고 혹독해도 한 줌 두 줌
가리가리 파고들어
잇고 통하고 보물창고 그득하네

실 허리 억센 의지 줄줄이 빈틈없는 협동
경천동지하고

얼렁뚱땅 동네방네 노랫가락 장구 꽹과리
덧씌우는 헛소리
귓전 바람편에 잠재워 흘려버리며

한 장 두 장 뚫고 쌓고 공염불 허투루 없는
쇠심줄 끈기
떠돌이 장돌뱅이 본체만체 금탑 탄탄대로
이룰 적

절구통 물고 바위 굴리는 어중이떠중이
개미장딩이 올라 세상 이치 배우고
큰 산 넘어 지평 보는 지혜를 깨우친다.

* 개미장딩이 : 개미허리의 경상도 방언

강버들

강가 하이얀 조약돌 옹기종기 울타리
쌓고
물속 잔영을 드리운 버들잎 위에
생과 삶의 굴곡이 겹쳐 쌓입니다

세상을 흔드는 흉악한 소식도 아귀도
다툼도 아집과 이기에 똘똘 뭉친 역겨운
코스프레도 바람에 업혀 강가
버들가지에 매달립니다

새까만 허공에 드리우는 별빛 달빛
상식과 합당한 이치를 쫓아 끝없이 달리고
한 짐 가득
떨어지는 버들잎에 실어 나릅니다

이 밤이 가고 또 새 아침이 오고
못 이기는 척 두 눈 감고
가슴으로 자유와 번영 순리에 휘감긴
세월의 잔영 품어 들이고 강버들
그늘은
휘적휘적 강물 깊숙이 들어갑니다.

그날

바람이 붉은 해 가슴에 품고 산마루
넘어설 때
그 님 따스한 숨결 손끝에 맺히고
돌 틈새 피어나는 청춘의 향기

오솔길 알알이 붉은 열매 농익은
사랑의 흔적
발자욱 따라 꼬리 무는 끝없는 연서

못다 맺은 인연의 굴레에 하늘의
시선 머물고
허기진 순정의 자락 펼치는 눈물방울

밤새워 셈해보는 별들의 행진
끝없이 드리워진 망각 속에 그립고
서러운 나래를 접는다.

무말랭이

햇볕 한가득 창 넘어 자리하는 돗자리 위
가득 누워
긴 고랑 한여름 이겨내고 통통하니 무르익은
그 날을 회상하는 무말랭이

한 몸 바쳐 한껏 먹은 물기 덜어내고
주름 가득 단단히 단련하고
갖은양념 벗하여 그 님의 진수성찬 되어
아름다운 생의 환희를 맛봅니다

알다가도 모를 세상 인연이 닿아 온몸 가득
땅 물 햇살 바람에 힘을 얻으며
일생 동안 진심으로 정견正見을 세우고
자기 자신을 완성하여
자아를 비우고 괴로움과 집착을 없애는
길을 찾고

스스로를 버려 보람된 생을 마감하니
그 님은 감격하여 뜨거운 눈물을 흘립니다.

아침의 영혼

밤과 낮은 언제나 어김없이 제 자리에서
돌고 남고 만나고 헤어진다
세상은 끊임없이 변화하고 그 모습도
나날이 다르다

이곳에
만물이 존재하고 영장의 동물인 사람이
살고 있다
다 함께 살고 더불어 고뇌하고 즐기며 살고
함께 누리고 책임을 다할 의무가 있다

이 새벽 이 나라가 새로이 진격하고
복되고 정의롭고 공정하고
기회 평등한 자유민주사회가 더욱
빛나고 굳건하며

튼튼히 자리하고 이끌어 주기를 바라며
축복하고 기대하는 마음 가득하다.

* 2022. 3. 10 04:00

거짓과 부끄러움

바람은 바람소리 구름은 소리 없이
아기는 응아소리 태고의 소리다
거짓도 꾸밈도 없다

소용돌이치는 진실과 거짓
서슴없이 내뱉는 거짓 들이대는 양두구육

손바닥으로 해를 못 가리고 진실의 노도는
막을 수 없다
유구한 역사가 가리킨다

그릇된 자는 거짓을 밥 먹듯이 세상의 눈을
가리려 들지만
양심 속의 진실은 살아 펄떡이며
소용돌이친다

이 첨단시대에 참의 잣대로 더욱 똑바로
두 눈 부릅뜨고
거짓 속에 이득쫓고 부끄럽고 몰염치함에
권선징악이 벼락 되도록
하늘의 뜻을 받음이 태평 시대
바로 그것일 진데.

성산대교

구름 비켜 황금빛 뿌리며 하루 마침표를
찍는 저녁해 대교 난간에 걸리고
분주히 오가는 차량 물결 무엇을 싣고
무엇을 나르는가

못다 피운 청춘의 기백 못다 이룬 그날의
연정 꿈
켜켜이 싣고 어디로 향할까

언제나 대교는 제자리이나 스치는 바람은
세상사 온갖 사연 실어 나르고
삶의 여정 무수한 곡절 인생 한평생
꿰뚫어 안아 들고 방방곡곡 달려 보낸다

친구여 다리 감싸고 흐르는 물결 속
숨겨진
그 날의 연가가 들리는가
그날의 애틋한 수줍은 그님이 보이는가
한강 노을이 가장 아름다운 성산대교는
언제나 듣고 보고 어루만지는구나.

개똥벌레

밤마다 하얀 바람 거친 숨 흐트러진
어둠 슬어 내리고

아웅다웅 허덕이든 하루 저만치
꼬리 감추며
잔등에 불 밝힌 사연 꺼질 줄 모른다

잔머리 쇠머리 돌머리 맛 든
억지춘향
개똥 속 비집어 들어
아픈 다리 꺾어 든 헛발질에 설움만
굽이치며 때리고

어둠 짓이기는 나래 광명을 모으니
한 줌 두 줌
별들의 마을 가로세로 알록달록
사다리 오른다.

참새의 숨바꼭질

한강 망원공원
억새도 제 할 일 다 한 듯 고개 숙여
늘어지고
틈새 비집고 옹기종기 먹이 찾는
참새무리

무섭도 떨칠 만한데
사람 발자욱 소리에 날갯짓 바쁘고
허수아비 눈초리에 놀라고
목 비트는 그물
소쿠리 밑 먹이 새끼줄
참새구이
그때의 악몽 잊혀지지 않는지

이웃집 비둘기는 사람 따라 졸졸
배울 만도 한데
놀란 가슴 솥뚜껑에도 놀라듯이
아직도 우리는 서로를 믿지 못하니
참새는 짹짹 못 믿는 세상
푸드득.

방망이

두들긴다 휘두르고 휘젓는다 강 물결
분주한 아낙네
손길마다 새겨진 고뇌의 주름

어둑한 골목길 쫓기는 발걸음
탓함과 비난의 소음 드높은 목청

갈 길은 멀고 사면초가는 아직 이니
그 옛날 육모방망이 더욱 그리워
아름드리 순정 하늘 높이 오르네.

허수아비

살랑이는 바람 떠나고 심술궂은 햇볕
사그라질 즈음
한껏 힘준 허리 뒤흔들며
목청 높혀 훠이훠이 들판을 휘두른다

눈도 깜박이지 않는 불청객 찾아
두 눈 부릅뜬다
뛰어 다르며 쫓는 마음 간절하지만
공염불이다

험상궂은 얼굴에 지레 겁먹고 달아나는
놈 보고 빙그레 미소지으며
펄쩍 뛰어오르니 마음이 붕 뜬다

못 박힌 자리 씩씩거리며 매단 종소리
키우고
비닐 자락 기폭처럼 날리며 꿋꿋이 버틴
허수아비

밤바람 찬가 되어 감싸고 별빛 은총
쏟아지는 이 밤에
참 아비되어 단잠에 빠진다.

뱃머리

모든 배에는 머리가 있다 어디 배
뿐이랴
앞을 보고 물살을 가른다

돌대가리도 명석한 두뇌도 머리는
하나다
뱃머리는 사공에 따라 방향과 갈 길이
다르다

폭풍우도 순풍도 뱃머리는 갈라야
한다
드높은 파도도 너끈히 넘는 재치
재능 있는
하늘도 오르는
뱃머리를 부여잡는다.

바람꽃

바람 스치는 그곳 물결이 일고
바람 스치는 그곳 가지가 흔들리고
바람이 휘몰아가는 그곳 낙엽이
쌓이고 흩어지고

바람이 머무는 그곳 생과 사 삶의 희비가
엇갈리고
바람이 일렁이니 구름도 춤을 추고
구름 속에 떠다니는 우리네 마음도
춤을 추고

바람은 거세게 잔잔하게 때론 고요히
태풍도 폭풍우도 삭풍도 훈풍도
살랑이는 서늘한 시원한 바람도
온갖 바람 일으키니

여기에 숱한 만물이 더불어 살아가고
씨 뿌리고 꽃피우고 열매 맺고
거두고 웃고 울고 성냄도 사랑하고
헤어짐도 연민도
바람이 자아낸 만상의 바람꽃으로
피어난다.

나리

들판이다 짙푸른 초원에 한 무리
나리는
비탈진 언덕 오르는 들새 소리
품어 안고

대청을 울리든 나리는 관모를 높이
쓰고
여봐라 소리 드높인다

생과 삶은 고뇌와 굴절 안락의
도가니 속에 갇히우고
신파든 고전이든 나리의 생김새에
운명을 가른다

노랑 눈망울이 바라보는 태평성세의
오늘이
들풀 위에 우뚝 솟은 나리꽃 되어
더 향기롭게 퍼지기를.

바람 소리

가만히 기울인다 두 귀 쫑긋 창가에
내려 소곤소곤 속삭인다
쏟아지는 폭우 이글거리는 폭염
고요히 웃음 짓는 달님의 영검 모두를
몰고 조용히 나를 깨운다

간밤에 무슨 일이 있었나 애꿎은
나뭇가지 뒤흔들며
잠자는 산새 들새 깨웠나
알다가도 모를 세상사 세상인심
들쑤시고 돌아다녔나

그래도 살만한 세월의 등에 올라
하루 이틀 잘들 버텨 왔지 않았나
어제는 가버리고 내일은
아직이니
오늘의 소용돌이 헤치며
피안의 저 언덕에서
옳고 그른 달콤한 바람 소리 듣는다.

구름을 보다

하늘을 본다 창공에 하나둘 천태만상의
흐르는 구름
둥글고 모나고 울퉁불퉁 옅고 짙고 느리고
빠르고

푸른 하늘 가리기도 햇님도 덮고 달님 별님도
숨기고
햇살도 삼키고 별빛 달빛 품어버리고
산천초목 생물 무생물 사람모양도 만든다

한껏 찌푸렸다 달아나고 흔적마저 없어지고
소낙비 이슬비 가랑비 폭풍우 호우 단비
온갖 재주 심술 다 부린다

혼자서 못하는 모든 재주
햇빛 수증기 바람에 이끌리고 움직여
세상 모습 만들고 멸한다

구름과 같은 자연과 사람이 만드는 인간세상
어떤 자연 어떤 사람인가에 따라
인간세상의 모양 모습 길흉 행불행이 갈린다

어지러운 현세에 이로움을 주고 태평한
세월을 이끌
고마운 햇살 바람 구름 같은 그런 현자가
나타나기를 기다리고 기다린다.

염천과 보름달

들끓는다 산 강 달리는 길도 마을도
하늘의 노함인지 인간의 잠꼬대인지
8월 보름의 밤도 이렇게 지난다

세상천지가 더워진다고 난리다
무엇이 노하게 하고 무엇이 날뛰었나
유난히 둥글고 어여쁜 저 달님은
보고 듣고 새겼으리

이리저리 뒤척이는 한밤도 한통속이니
헛소리 잡소리 난무하는 어지러운 이 세상
이리도 못마땅하였나
펄펄 끓여 녹여내려 새 세상 만들려나

한줄기 시원한 밤바람 먹구름 폭풍우
내려
건질 건 건지고 보낼 건 보내
참되고 거짓 없는 공정 세상 이루는지
염천의 보름달은 지켜보고
걱정하네.

장대비

수수밭 산새 들새 나래 접고
가을걷이 기다리는 수수 대 위로
장대비 덧씌우니
한여름 뙤약볕도 자리를 비켜나고

짙푸른 들판 물소리 요란하니
골이랑 지키는 허재비 허둥지둥
바쁩니다

고개 숙인 조 이삭 살림 걱정
가슴 조이며
개울가 개구리 목청 높여
뛰쳐나오고

머리 잠긴 초목은 설움에 목메어
장대비 멱살 잡아 흩뿌립니다.

8월의 보름밤

밤새 창가에 서린 서기 속에 달님 별님의
속삭임 스며들어 고요히 단잠을 깨운다

가만히 들어본다 저 아랫동네 덩실덩실
춤사위 소리
찬바람 매서운 아랫목 뜨거운 열기 쫓는
눈망울 소리

정과 의리 참과 거짓 정의와 불의 양심과 고백
범벅이 된 아수라의 소리

또 한해 이지러진 조각달 떨어지는 별똥
이으고 뭉쳐 고복격양鼓腹擊壤 찾아내는
유랑객의 벅찬 발걸음 소리

어우르고 다듬어 한아름 가득히 품어 펼치는
열정의 소리
달님과 별님 들려주고 일깨우네.

반지하

아이가 말했다 땅속에 사람이 있다고
46년 전 들여다보는 반지하 방

숨 막히는 빌딩 아파트 서울 첫날은
뒷목이 뻣뻣했고

한번 지어진 지하 방 수십 년 옛적
그대로이고
존귀한 목숨 앗아가는구나

구호뿐인 서민 복지 권력 유지 혈안이니
밑바닥 삶 사다리 혜안 어디갔나

진정한 균형 복지 공정한 경쟁 고단한
카테고리
깨어 버리는 정치 정책 하늘로 올랐나

이념에 몰두하는 권력의 무리 들
참된 세상의 선지식은 언제나 나타나려나
황토물 범람하는 이 아침이 기도 속에
잠긴다.

억새꽃

강 언덕 휘어지고 흔들리고
그래도 꺽이지 않으니 절개가
살았든가

솜사탕 같은 흰머리 조아리며
무엇을 얻고 챙겼나

잃어버리고 던져버린
바지가랑이 치마자락 속살을
부여안고
그 님의 모진 인연 그리워하며

떠나고 흘려버린 진하 디 진한
옛정에 목메어
떠도는 흰 구름 부여잡고
억새꽃은 춤을 추고 통곡하나.

영혼이여

하늘은 파랗다 짙푸르다 언덕 위에 오른다
무엇을 보았는가 저만치 뛰어가는
세월을 보았는가
파랗게 물들고 싱싱한 영혼을 쫓았는가

그 어린 시절 곱디고운 어머니 이마에
아롱새겨진 빛나는 광채를 떠 올린다
보고픔도 품고 품 안에 안겨 뒹굴고도 싶다
한없는 자애의 영혼을 그리워하며

밤하늘에 뛰어오르는 삶의 정기를
쫓아
그대와 내 영혼이 분주하다
금상첨화錦上添花를 그리고 이루지 못한
권토중래捲土重來를 꿈꾸었나

모두의 아름다운 영혼이 파란 하늘 가 모여
영롱한 불빛 되어 피어올라
온 세상 밝디밝게 비추기를 기다린다.

불빛

어둠은 부른다 한 자락 불빛을
어둠보단 불빛을 탐한다
불빛의 그늘이 서림에 키 크고 꽃피우고
열매 맺고 거둬드림도 있다

애타게 쫓는 불길에 스스로를 태우는
우매함도
꺼지는 불빛 피우며 키우는 영민함도
거스리지 않는 사람과 대자연 순리의
불길도

바다 가운데 번쩍이는 번갯불에 삶을
맡기며
가슴 깊숙이 타오르는 욕망의 불꽃
잠재우기도 활활 태우기도
인정이 그리는 애탐의 잔영이 아닐까.

4부

생의 여울

싱가포르 매직트리 은하수
손녀 류지상 그림 2024년 초등 3학년 스케치

생의 여울

삶은 늘 잔가지 거느리고 가지 위에는
싹도 나고 눈도 쌓이고 썩기도 하며

바람에 흔들리는 만큼 나래 짓도 하고
어지러움도 느끼고 향기로움에 젖기도
하느니

이 모두가 세월의 흐름에 묻어 또 지나가고
모두
추억이 되어 생의 한 여울이며

조용히 눈감고 무념무상 명상의 자리 속에
묻힐 때
또 다른 편안함이 올 것이고

오늘의 아픔도 추억의 보따리 그 보따리
속에 잠들게 하고
청청하늘의 별을 따서 한 아름 가득
품으며
남은 생의 편안함을 기려 본다.

발차기

눈을 뜨니 성하의 열기 창틀 넘어오는
6월 아침

팔과 다리 목 어깨 허리 온몸 푸는
침상체조
사그라지는 온몸에 불을 지피는
체력단련

매일 찾는 놀이터 국군도수체조에
여러 동작 가미 하루를 열고
차올리는 발끝에 모으는 기

여기에 정신을 묶어 깨달음 얻고
명상으로 하루를 열고 분별과 번뇌 망상을
몰아낸다

참새와 까치 때론 까마귀 소리에 만물의
참소리를 얹혀 들으며 영생불멸의
집착을 벗고
오늘 하루도 도피안이 되기를 합장한다.

삶

동에 번쩍 서에 번쩍 바람 같이
맴돌던
그날이 언제이든가

세월의 여울은 추억마저 삼키고
얼기설기 얽힌 인생사는 빛과
그림자 되어

천둥과 벼락처럼 알면서도 모르게
굽이굽이 흘러 언젠가는 심해
깊숙이
또아리 틀고

그래도 남겨야 할 건 남기고
묻어야 할 건 묻으며
한 세상 보내는 마음 더욱
가벼이 하는 삶.

등짐

샛별 그 얼굴 내밀 적 새벽바람
길을 내고
엊저녁 칼국수 한 그릇 어매
손에서 끓고
보채는 아이 잠든 머리맡
부엉이 집 꿈이 내리는 별밤

장날마다 넘든 고갯마루 하루의
셈이 어른거리고
처지는 어깨에 힘을 더하니
올망졸망
주렁주렁 매달린 산딸기 같은
단란한 삶.

손주 그림

도화지에 나는 앙증맞은 손놀림
삐뚤빼뚤 손발이 생겨나며
그려지는 함박웃음

하늘이 내린 천사 앙앙 발버둥이 눈에
선한데
할아버지 할머니 삼촌 우리 가족
모두 모으니

그림 속에 보이는 총기는 대를
이음이고
조상 은덕 온 가족 따사함이 그림으로
녹아든다

해와 별 정기 받아 세상에 우뚝 서고
하늘의 은혜에 보답하는 성스러운
거목 되리라
그림 속에 나부끼는 바람 소리가
들려준다.

놀이터 아침 손님

산수유 열매 주렁주렁 불러오는 붉디붉은
아침
가지 위 살포시 숨어들어 사랑 나누고
열매 쪼아 앞서거니 뒤서거니 하루를 여는
참새 한 무리

어디서 왔는지 멧비둘기 한 쌍 분주히
담벼락 넘나들고
목청 높여 아침 노래 합창하는 직박구리
한강 지킴이 까치 오늘의 행운을 알릴 때
머리 위 까마귀 까악까악 귀한 울음
뽐낸다

낙엽에 뒹굴며 아침 단장하는 고양이 형제
분주하고
놀이터 한구석 아침체조 열중하는 친구
체력 다짐 소리 우렁차니
모두 모두 감싸고 보듬는 떠오르는
아침 햇살

동네 단장 바쁘신 가로지킴이 어르신
울타리 너머 울려 오는 테니스장 헛 샷
탄식 소리
떠나보낸 이파리 그리워하는 앙상한 나뭇가지
찬바람 막아서는 정겹고 활기찬
이 아침의 파수꾼.

손녀의 당부

한강 망원공원 축구장 쌓인 흰 눈
멀리 보이는 당인리 발전소 굴뚝
오늘따라 유난히 거센 연기 하늘
높다

할아버지 넘어지셔요
산책 그만 하세요
귓전에 맴돌고 눈바람 인사하고
떠난다

할 수 있어요 놀이터 외나무다리 건넘에
자신 붙은 함성
날로날로 더하는 사랑스러움
그 모습
눈밭 사이로 새겨지고

벅차오르는 마음 한량없는 붉은
저녁나절.

별들의 행진

새벽하늘 아직 어둠인 동녘 샛별
아기별과 함께 나들이 떠나고
이웃한 초승달 호미 쟁기 구름에 걸치고
새벽 갈이 바쁘네

흘러가는 은하의 강언덕 별의 연인
풋사랑 그날의 연정 노래하고
아침거리 찾아 노 젖는 별 사공 분주히
오가네

별 할미 구부러진 허리 펴지 못한 채
먼저 간 별 영감 그리움에 치맛자락 훔치고
큰 별 작은 별 곤궁한 살림 애처로워
목메인다

하늘 더 열리고 구름 더 몰리기 전
두 눈 부릅떠
감춰진 눈물방울 여미고 별의 형제들
내일의 별천지 찾아 뛰고 달린다.

빛과 그림자

빛에는 햇빛 달빛 별빛 노을빛 눈빛
빛을 내는 불에도 호롱불 촛불 등불
굼불 화톳불 모닥불 번갯불 반딧불 전기불

빛의 반면에 어두운 그림자가 따른다
빛을 먹어야 생물이 살아가고
어둠이 있어야 밝음을 보게 된다

빛은 모두를 들어내고 그림자 속에
숨기고 감추기도 하며 그림자의 형상은
빛을 받은 본체 모양에
그 모습이 결정되고 생명을 이어 간다

빛과 그림자는 온 세상을 밝게 아름답게
때론 음험하게 엮어 드리우고
오색 찬란 영롱하기도 침침하기도 하다

빛과 그림자는 오만가지 품어 들이어
우리의 모습 생생하게 보여주고
감춘다.

구름

뒤엉킨다 구름이 세상사도 뒤엉킨다
진실을 가린 거짓도 뒤엉킨다
무엇이 참이고 무엇이 거짓인가

구름은 말한다 뒤엉키고 겹쳐진
구름이지만
품어있는 방울은 단 하나 물일뿐이라고
때가 오면 모두 흘려보내고 비운다고

짙푸른 하늘에 온갖 형상 구름이
자리하고
앞다투어 자리싸움 모질게 내치고
은근슬쩍 불러 모은다

구름이 있어 만물의 목을 축이고 배를
불린다
때론 심술도 오기도 원망도 있지만
세상사 구름을 쫓아 달리고 붙잡는다
시절에 알맞게 적당하게 채우고
비우고 풀어지기를 기다리면서.

그님

광야에 펼쳐진 삶의 한마당 꽃다운 청춘
노동의 가치를 알고
정의의 사도 되어 세상에 맞서
돌담 넘나드는 기백 속
고매하고 의로운 가치 품고 순정의 영혼마저
간직한 그님

사랑의 여신 품 안에 안겨 생의 환희를
느끼고
영롱한 별빛 따라 곱디고운 품성 다듬어
홀로 서는 용기 속에 한 떨기 모란이
되었네

가시밭길 같은 생 백 굽이 속 풀피리 소리 되어
고단한 세상살이 보듬으며 꿋꿋이 버틴 세월
알면서도 함께 못하는 중생의 번뇌마저 쓰다듬어
넉넉한 달님 미소 되어 가슴 깊이 자리하고

억겁 속 유성처럼 지나는 인생이라지만
남아있는 무대 수없이 펼치고 보일 수 있음에도
서산에 해 넘듯 막 내리니
한설 중 산천초목 바람 소리 되어 흐느끼고
길을 헤매는 한 조각 구름 같은 영혼.

별똥별

까만 하늘 흰 구름 스쳐가는 자리
어디선가 쏘아 올린 한줄기 광음
그날의 애절한 연정 품어들고
앞 별 뒷 별 끊임없이 돌고 돌고

추억의 강은 둥글고 모난 돛을 그리고
여물지 못한 순정은 자갈밭 되어
뒹굴고
아낌없이 보내는 축복의 염원은
별의 강 되어 흐른다

모질고 거친 생과 삶 엇갈린
세월에
다듬고 씻기어 별빛 되어 반짝이고
못내 버리지 못한 애절한 연민
별똥 되어 하늘을 떠돈다.

짙어진 라일락 향내

세월을 넘어 깊어진 뿌리 산하에 내리고
경향 각지 넘나드는 그늘 언제나 넉넉하며
육십 성상 결연 금빛으로 빛나네

까까머리 우정 하나 된 정신 한결같고
입춘 머리 아늑한 한마당 농익은
멋을 더하며
모야 소리 정겨움 옻나무 골 밤하늘
들썩인다

맞잡은 손 함께한 어깨에 정담 쌓이고
마주한 눈망울에 서로를 담고
살아온 날 살아갈 날
라일락 혼 향내 깊고 널리 펼쳐 남은 생
여백 비단결로 채우리니

아! 라일락 더욱 강녕하고 청청한 기운
더 높이 더 넓게 천지 사방 어우르고
덮으리라.

친구

친구들아 어젯밤 잘 귀가하였으리라
믿네
올 한해도 붙잡지 못해 이렇게
흘러가는구려
그래도 우린 노년의 청춘을 과시하면서
어제처럼 항상 만날 수 있는 날을
기다리네

그리고 어제 못 만난 친구 모두가
보고 싶은 얼굴들
아직도 옛날 그 산골의 추억이 남아있다면
얼굴 보면서 살아가세

남아있는 우리 인생 얼마나 남았다고
외면하지 말고 웃으며 살자고
친구야
을유년 새해 최고로 건강한 한 해를
기원하면서
모두 사랑해.

감회

마주한 세월을 여미는 희어지고
주름진 고매한 눈매가 앞섶에 서리고

사그래이 까까머리 중학 시절
ABC 첫걸음 배우고 익히고 앞서거니
뒤서거니
학문에 입문하고 자라 온 지 어언
60년이 지났구려

오늘 물러가는 바이러스를 눈짓하며
이렇게 수년 만에 맞잡은 손 정겨우니
그날의 감회가 정수리에 흐르네

오지 못한 친구들 더욱 그리워지니
우리 모두 살뜰히 건강한 삶을 챙겨
오래오래 어깨동무하여
세상 풍파 벗하며 살아가리라.

* 사그래이 : 중학교가 위치한 동네 이름

사미정 가는 길

남색 치마 연분홍 저고리 복사꽃 같은 미소
가을 햇살은 고즈넉한 교정마저 빨아들이고
고사리손 이끄는 선생님의 품위 서리고
배이네

동문수학의 옛 정담 그치지 않으니 땅거미
속에 갇히며
한밤의 정념은 야경꾼 호각소리 야간 통금에
쫓겨나고

밤나무 아래 밤알 같은 청춘의 심벌은
선남선녀의 농익은 정담 되어 추억의 보따리에
감춰지고
맑은 물 기암괴석 사미정 가는 오솔길

이웃한 사과밭 볼연지 같은 사과
골짜기에 가득하고
곱고 이쁘다며 잘 익은 능금 건네는
잊을 수 없는 온정 많은 과수원 댁의 환한 미소

발 담근 청정 냇가 청춘의 사랑 얘기
맞잡은 손안에서 숨 쉬고
넓적 바위 서로의 별 찾아 헤아리며
밤이슬 벗하든 그날의 여정이 살아 달리는 듯
이곳 아리수에 머문다.

우근 지기

구름 쉬어가는 저 산마루 너머 한 자락
풀밭
한 떨기 풀꽃 바람에 흔들리며
손짓하네

언젠가 뛰어올라 희미한 등불 아래
그날의 정담 따사한 미소
두 어깨 나란히 그림 같은 그 모습
그리며 더불어 청청하고

진솔한 꽃내음 한데 어울려 백 년 지기
한뜻으로 영글어지고 드렁칡같이
엉기어
만고불변 노래하네

알 수 없는 세월이지만 언제나 때 묻지
않고
변함없는 문경지우刎頸之友 소망이 벌판
가득 어울려
만경창파 푸르름을 더하리.

동기

태고의 숭고한 모태의 영을 받고
오온을 이루고 이 땅에 고고성을 울리며
자리매김하고

한 핏줄의 영혼과 유전을 공유하고
형제자매의 인연 속에서 성장하고
얼싸안고
교통하며 연민과 사랑을 부둥켜안는
삶을 이루니

애틋한 정념은 산과 내가 되고
창해의 깊은 여울 되어 가슴과 가슴
이어 왔으나

만물은 언젠가 인연이 다 할 때
지수화풍
대자연의 티끌 됨을 어느 선지자도
어쩔 수 없으니

남은 지혜 모두 모아 극락과 천당의
자락에 깃듦을 염원하리라.

무의도

새벽 별 하루를 여는 설렘을 실어
새 아침 열고
노익장 앞세워 삼삼오오 앞서거니 뒤서거니
용산 뜰 그득한 무의도 기행에 부푼 열정

K 힘과 저력 과시하는 영종도 하늘
꼬리 무는 여객기
만방에 뻗는 우렁찬 뱃고동

펄펄 뛰는 홍도 맛집 횟감에
수저마저 춤추고
보내버린 청춘 불러오는 짜릿한 소주잔

떠나간 옛사랑 추억 더듬는
하나개 해수욕장 금모래
뜨겁든 그날의 연정 썼다가 지워지네

한가득 업혀 오는 추 절의 해풍 더미
산수원애국회 뜨거운 고리 되어
정감
드넓은 바다와 하늘에 솟구치고 펼쳐진다.

* 산수원애국회 : 용산의 시민 모임

산사

산새가 울었든가 이슬이 맺혀 그 속에
중생도 산천도 품었든가
각양각색의 모양을 갖추고 오체투지도
해보지만
평등과 무차별의 숭고함이 뿌리내리는
가슴 언제나 될른지

일찍이 부처님의 가르침 팔정도의 기본은
올바름이라 하셨다
인생 고래희를 지난 세월 얼마나
올바르게 살아왔을까

이 새벽 문득 산사의 품에 안겨 고단한
삶과 고뇌의 세월을 쓰다듬어 주기를
바라고 바란
그날이 떠 올려진다

생각은 깊지만 해탈은 닦아도 닦아도
어려운 것이니
중천을 넘어가는 만월을 우러르며 한 발자국
더 깨달음에 다다르고

때가 오면 조용히 미련 없이 열반에 들어
요단강 넘어 극락정토에 쉬이 들기를
기도하며 가만히 선정에 든다.

서러움

밤새운 이슬 아침 햇살 못 견디니
풀잎 꽃잎 품 안의 영혼을 잃은 듯
파르르 떨고

강가 외다리 물새 거센 물결에 잃어버린
먹잇감 못내 아쉬워하고
가시덤불 속 깊숙이 갈무리된 둥지 속
참새 떼
쏟아지는 폭우의 고단한 삶 견뎌낸다

고대 온다던 그 님 문자 한 통으로
꼬리를 내리니
목메어 울부짖는 이내 마음 뜬구름 따라
흘러가네

야속한 세상사 운명인 양 이치마저
팽개쳐지니
더듬고 갈고 닦고 갈무리하든 숱한 약속
헌신짝 되어지는 서러움에 오늘 하루도
저문다.

축서사

문수산 8부 능선 독수리 깃들 듯
불당이 자리 잡고
만경창파 굽이굽이 발아래 펼쳐진
산자락

극락의 영기 서리어 중생의 일체개고
모든 염원을 보듬어 들이고
청량한 산바람은 세파에 찌든
티끌마저 살피며

중도의 깨달음이 도량 구석구석
살아 숨 쉬니
선지식을 향해 정진함을 오늘의
기도로 삼고

문수산 정기와 부처님 원력에 올라
초하의 청명을 벗하며
생의 아름다움이 더욱 짙어 짐을
새삼 기리고 축서사 품안에 안긴다.

성지순례

만추의 낙엽 산하를 울긋불긋 채색하고
청명하고 짙푸른 하늘 삼라만상을
보듬으니

천 수백 년 전 불국 토함산 기슭의
불국사 석굴암 참배의 발걸음이 더욱
숙연하고

중도의 설법 재삼 되새기며 일체중생과
본래 부처 모두 내 안의 깨우침임을
온몸으로 일깨우며

황룡사 옛터 그날의 장엄하고 성스러움을
황금빛 석양에 비추어 살려내고

황룡사 구층탑 재현 중도타워의 참선은
비워진 하심과 평상심 연민의 마음을
두툼히 여미며
불심을 드높이는 순례의 기도는 더욱
깊어진다.

영월

동강 서강 감싸고 돌아 청룡포
애사를 품고
장릉의 충절을 받드니 삿갓의 해학
골골이 살아 숨쉬네

봉래산 활공 하늘을 수 놓고
주천의 술샘 세상을 취하게 하며
별마로 별 헤는 밤 꽃피는
문학세계
우리의 가슴 설레게 하네

어울린 문학 동호인 열차에
열정을 싣고
어수리 나물밥에 정취를 더하며
문학 중흥과 이 고장 발전을
축원하는 혼을 심는다.

5부

그리움과 연정

해적선 위에서
손녀 류지상 그림 2024년 초등 3학년 스케치

어매별

따뜻했다 등교길 어매의 잔등은
회초리 위로 어매 눈가에 이슬이 보였다
어디에 있을까 어매의 속마음 같은
별은

나목에 깃든 밤새도 꿈을 꿀까
알 품던 어미의 솜털 품속을
아비된지 50년
세월의 가시에 찔린 심정입니다

자동차 사던 날 뒤돌아 보니 어매는
그림자도 없었다
이밥 한술 더 얹으시든 쇠심줄 같든 손등에
그리움만 쌓입니다

부루쌈 한 입 삶을 가득 녹여 드실 때
철부지 아이
백설이 되어서야 알 것 같으니
서럽고 한스러워짐도 별이 됩니다.

* 부루 : 상추의 방언

할머니

애야 빗자루는 이렇게 끝을
누루면서 쓸어야 한다
화단에 노오란 난초 삐죽이 고개를
내민다
철없는 아우 신기하다고 잡아뽑고
누나의 불호령이 떨어진다

우리 귀한 손자 누가 혼내냐
할머니 호통이 집안을 울린다

철들게 다독이고 한없는 사랑 주신
주름 가득한
오늘따라 너무너무 보고 싶은
할머니.

설야

백의 여신의 춤사위인가 고불구불
산천초목 나신 덮는
숨소리마저 삼키는 설원을 열고

섬섬옥수 어머니 손길 정성 배인
장독대 가장자리에 남겨진 고무신 자취
그리워 목메이는 종심도
내려다보이는 희어진 강 언덕
멀리 보이는 산자락
밤바람에 묻혀 서러움 녹인다

청운의 꿈 열정의 불사신 몸부림
곧고 굴곡진 삶의 여한도 수북한 설산 같이
쌓였다 사라지고
짙어지는 어둠이 삼켜가는 야경되어
허공 속에 머물고

설원 오솔길에 발자국처럼 외길되어
분주한 세상살이 흘려버린
깊어가는 설야 무등 타고 어화둥둥.

설과 어머니

그해도 바람 세차고 뒤꼍의 자락 논에는
꽁꽁 찬바람 얼고
동트는 새벽 새로운 또 한해 맞아들이는 설레임
처마 끝에 서리고

엊저녁 소지 조왕신께 정성껏 올리는 어머님
엄숙한 두 손
가내 평안과 무 탈의 염원을 받들고
불 집히는 아궁이에도 새해의 소망이 타오른다

철부지들의 설빔 챙기시고 차례상 모시기에
여념 없는 따사하고 고움이 집안 가득하고
선비 가정 엄중한 예법 고난한 세월임에도
언제나 한결같은 설 지킴에 한 치 흔들림
없으시네

울타리 지키는 까치 그들의 새해 소식에
환한 미소 온 가족에 내리고 한없는 자애로움
차고 넘치시니
품 안에 가득 들여진 새해 새날의 복됨도
한결 두터워진다.

경포의 추억

달 세 개에 고독과 사랑과 희망을 담고
끝없이 밀려드는 거대한 파도 나를
가두고
남대천 밀림다방의 수줍은 그녀
더벅머리 총각 활활 거센 불길을 지핀다

경포 오솔길에 정담은 다람쥐와
함께하고
나뭇가지 풀잎마다 설익은 연정 걸리니
맞잡은 두 손 연리지 되어 뜨겁다

해변에 남긴 발자욱 갈매기와 벗하고
모래사장에 새긴 연서 수평선에 펼쳐진다

펄펄 끓는 정념 호수에 실어 식히고
해맑은 미소에 순정을 바쳐 순애보가 되었다

세월이 지나 망부석 되어 먼바다를
떠돈다.

* 밀림다방 : 남대천 제방에 늘어선 아름드리 미류나무 사잇길.

아내의 모습

이슬이 강 언덕 타고 내 집 창가에
서릴 때
뜬금없는 병마도 창가를 기웃기웃

바람의 선물인지 하늘의 시샘인지
까까머리 된 아내의 모습에
나의 까까머리가 오버랩 된다

힘든 모습 설움에 복받치는 그 눈망울
뙤약볕에 달궈진 차돌 되어 뜨겁게
가슴 깊숙이 파고들고
별똥별처럼 사라지길 기다리며

한 떨기 장미 향이 그윽하든 순애보
추억의 보따리 천정에 매달고
청량한 서기 속에 해님의 함박웃음
젖어들고 끌어안길 꿈꾼다.

오징어 다리

등진 설악 준봉 짙푸른 동해
영기 드리우고
펄펄뛰든 오징어 떼 숙제 남기니
연안의 휘황한 불빛 추억의
자락되어
아바이마을 그날의 만선 영광의
깃발을 세운다

썰고 굽고 무치고 줄지어 오징어
다리에 묶인 이내 심정
창파되어 일렁이고
살아나고 달려드는 오징어 떼서리
꿈꾸니
바다도 하늘도 뱃사람도 우리도
아바이도 한몸되어 출렁인다.

* 동해 아바이 마을에서

솔방울

그해 여름 유난히 덥든 8월이 가고
들국화 지천 메뚜기 잠자리 뛰고 날고
검정빤스 머리띠 가을 운동회
교정 자락 공동묘지 뱀굴 엉켜지고 구덩이 찾는
생의 몸부림

혹독한 추위 견딜 솔방울 광솔 따러 뒷동산
오르고
고사리손 움켜쥐며 한 짐 가득 학교로 뛰었지

힘들고 헐벗고 지난한 어린 세월 꿋꿋이
견디고
성장하여 졸업 60년이 되었네

청청한 솔가지 날들 흘리고 백설머리
주름진 얼굴에 인고의 세월이 묻어있지만

마주한 얼굴에서 나를 보며 추억의 보따리
상념의 나래를 펼쳐 부딪힌 술잔
우정의 나래 함께한 어깨에 남은 생의
환희를 심는다.

청솔 열정

영롱한 새벽 별 먼동 대지 밝히며 새 아침
영기 자리할 때
종심 팔순을 넘어서는 청솔 열정 남행에
이르니

해풍 맞으며 정성들여 단장한 탁 트인
고창클럽 청록 코스들이 얼씨구나 뛰어나와
반기네

나이스샷 아하 환성과 탄식이 교차하는 필드에
강건과 정열이 산과 바다 되어 넘쳐나고

복분자 명주 풍천장어 왕년의 청춘 기백
불러오니 드높은 위하여 함성 노익장이
무색하네

끈끈한 인연 끝없는 정담 고창골프텔 이 밤을
덮으니
별신 달신 지신 정기 모아 청솔 멤버
만수무강 이루는구나.

함께한 50년

우물가 까까머리 서성일 적 곱다란
단발머리 눈 마주치고
2·8 청춘 풋내기 연정 싹트나
고교 3년의 어설픈 연모로 자리할 뿐

맺어지지 못한 인연은 꿈속으로 사라지고
청춘을 붙들어 맨 국방의무 중 어느 날
우연의 장난인가 골목길 회우는
새로운 연정을 키웠네

익어가는 연정은 한마음으로 묶이고
그림 같은 보금자리 이루어
적수공권 살림은 근면 절약 불러오고
아둥바둥 티격태격 천지신명을 찾고
나름의 성공을 거두며 소소한 즐거움에
보낸 세월 어언 50년

백설을 머리에 이고 병마를 이겨내며
어제는 어제일 뿐 오늘에 충실하며
하늘이 맺어준 인연 하늘에 바치고
남은 생의 여백 덜 아프고 더 이해하고

더 신뢰하고 사랑하며 백 세 인생으로
함께 채워 나가리라.

* 2024. 1. 19 결혼 50주년 날에

꿈꾸는 병산리 교정

버들개지 쑥 냉이 머리 들고 드높은 종다리
개나리 진달래 곱게 물든 산길 들길 코흘리개
바지저고리 고사리손

앞으로 나란히 차렷 열중쉬어 2·1은 2
3·1은 3 ㄱ ㄴ ㄷ 배우고 정든
여섯 해
그때의 어깨동무 엄하고도 자상하신 선생님
지금은 어디에

갈참나무 질펀한 운동장 몽당연필 검정 고무신
헝겊 허리띠 책보 딸랑딸랑 필통 소리
강냉가루 우유가루 배급
청띠 백 띠 검정 빤스 신나는 가을 운동회

세월과 삶의 변천에 아이 울음 그치니
홀로 추억 속 전당으로 서 있고 함께 뛰놀고
다투고 웃던 친구들
백설이 분분하고 주름진 얼굴에 추억만을
더듬으며

어리고 철없는 그 날로 되돌아가 세상모르는
아이
천연스런 모습 신나고 아름다운 교정 학창시절
동무들을 그리고 꿈꾼다.

* 병산리는 단산국민학교 소재지이며 단산국민학교는 필자의 교사 초임지임.

부석중 건아여

코흘리개 벗어나는 중학 3년 동무 한지
어언 한 갑자 62년이 지났구려
삼삼오오 방방곡곡 세상 누비며 산전수전
명사수 되었고 우여곡절 세월을 벗하며

굳건히 땅을 밟고 하늘을 떠받치며
그렇게 우리는 세상을 짊어지지 않았나

코로나도 짓쳐 부수고 오랜만에 덩실덩실
춤추네
백설머리 주름진 얼굴이지만 환한 미소
마주한 품 안에 찐한 우정의 용솟음 울림
소백자락 감싸 도니

옥녀봉 산림치유원 이 밤도 소백 정기
한가득 모아
남은 여생 오래오래 모이고 포옹하고
아픔 없는 건강한 삶 축복하는구려.

* 부석중 11회 모임 축하하며

부용대芙蓉臺

낙동강 굽이쳐 감돌아 흐르니 하회河回라
600년 세거의 충열과 전통이 살아 있고
언제나 세월을 벗하는 삼신당 느티나무 바람

강 건너 우뚝 선 연꽃의 북애 부용대
좌우에 옥연정사 겸암정사를 품고
화천서원 선비 정신과 국란극복 귀감의
뜰을 거느리고

국보 보물 민속놀이 전통생활문화
선비의 풍류놀이가 즐비한 고색 찬란한
세계문화유산의 아름다움을 헤아리며

어지러운 세파 풍파에도 굳건히 자리하고
아름답고 풍요한 세상을 기리고
참되고 굴절 없이 공정 평등 존엄의 성장
번영된 자유 민주사회를 꿈꾸며

부용대는 오늘도 제자리에서 굽어보며
살핀다.

* 부용대 : 안동 하회마을 건너편 낙동강변 절경의 암벽

복지구현의 함선

백설 춘삼월 훈풍에 가람되어 흐르듯
청춘을 묻고 역전의 용사되어
너도나도 함께한 전설을 품어들여
만남의 광장 또아리를 틀어 올린
그대여

사랑과 봉사의 일터 그들의 초롱한 눈망울
짊어진 상흔과 복된 삶의 무게를
안고지고 천지 사방 내달린 그날들
아!
어찌 잊으리

불꽃 같은 열정 그림 속에 감추고
육순을 넘어 종심 팔순 구순을 바라보는
노익장 속에
정리와 인의 우의를 모으고 모아
근로복지 한마당 가꾸고 다듬은 꿈의 세월
함께한 지 스물네 해

걸음마를 넘어 달림에 신들린 오늘 내일을
쏘아올리고
영원히 뻗어나는 우근지기 만선을
이루어
폭풍 열풍 드높은 파도 넘고 헤치고
끝없는 질주 영광된 세월 함께하는
거대한 함선되리라.

* 근우회 '24 총회를 축하하며

아! 현충원

그날도 바람은 일었고
나뭇잎 사이 염천의 햇살은 뜨거웠다
등 너머 포성은 한창이고
총알은 귓전을 스친다

누구의 업인가
아리따운 꽃대는 꺾이고 임자 잃은
군화는 흩어져 뒹군다

설움에 겹던 영혼 공작 능선 수
놓으니
충과 의 용이 용솟음쳐 강을 이루고
번영된 조국의 산하 굽어보고
지킨다

숙연한 발길 쉬어가니 님의 궁전 앞에
더욱 힘주어 두 주먹 움켜쥐고
끝없는 조국의 영광 함께 하리라.

남산시민대학

산허리 감싸며 힐링을 품고 굽어보는
도성
그날의 영화 애환 오늘의 환희
역사의 강 되어 멱목산 둘레길로
이어지고

노익장 앞세우고 세상 이치
일깨우며 익히고 다 함께 열창하는
남산시민대학 학우의 열정
동아리마다 넘쳐나는 결기 하늘 끝에
이르고

소나무 숲길 맨발 걷기에 떠나가는
청춘 솔방울 되어 주렁주렁
정성 배인 오찬 꿀맛 품어 혀끝에서
녹아나네

청룡의 정기 산하 되어 뻗어난 삼천리
세세손손 번영의 초석 다듬고 쌓으니
영광된 태평성세 이루고 보리라.

남산시민대학은 청춘대학

굽이치는 한강 용의 자태 군사 교통 요충지
교역과 물산의 집중 행정의 중심 다채롭고 역할도
다양한 용산

노익장을 앞세우고 너도나도 앞장서고 이끌고
도우며 시민의 전당으로 우뚝 선 남산시민대학

비바람 염천 눈보라 마다않고 앞서거니 뒤서거니
수백 명 정열 어린 합창의 하모니
집중하고 숙연해지는 상식과 교양 전문지식에
몰두하고
맛깔스럽고 영양 가득한 식단 입맛 손맛 당기며
식욕 북돋우네

주도하는 천승교회 용산구청 굳건한 울타리이며
남산걷기 탁구 당구 골프 일어회화 동아리 활동
단체 기행
너도나도 백세시대 구가하는 참여의 열정

한해 수백 명 졸업생 두고 노익장의 시민대학 넘어
새 청춘을 불러 더 우렁차고 달콤한 열창

더 집중의 수강 꿀맛 나는 성찬
더 신명 나고 즐거운 동아리 꿈꾸는 청춘대학으로
거듭나니

새 학년 맞는 학우의 발걸음 더욱 가볍고 팔다리
힘차게 휘둘러 허리 펴고 뜨거운 뜀박질 선수의
시민대학.

임인의 소망

새벽하늘 열리니 어둠 걷히고 새로운
광명이 온 누리 가득하니 임인의 소망
흘러넘치네

이 땅에 아직 영기 충만하니 넓게는 나라에
영명하며 정직한 선도자가 탄생하여
자유민주의 공정하고 노력과 경쟁 속에
성장의 열매가 충만하기를 소망하고

불편부당하지 않는 삶 속에 각자 생활의 질이
더욱 빛나고 아름다워지며
건강 그득하고 총. 균. 쇠의 순환이지만
특히 균을 이겨내는 슬기와 용기를 가진
리더가 태어나기를 간절히 기원하며

이제 맹호의 잔등에 올라타니 산천을 진동하는
포효와 용맹이 우리 모두를 아우르는
그런 나라와 겨레가 되기를 재삼 기도하며

밝아오는 임인의 서광에 다 함께 어울려
춤추고 노래하는 거룩한 새로운 한해가
되기를 소망하며 기다린다.

* 2022.1.1. 임인 새해 첫날

달님과 토선생 새해를 열다

열린 하늘 굽이치는 세상 속 삼라만상
품은 세월
가고 옴에 거침이 없고
달님 노래 떡방아 소리 억겁을 두고
온 누리에 내려 가슴 깊이
파고들고

맹호의 포효와 용맹 속 자유와 평화
생존의 발목 잡는
바이러스와 우매 몽매 잡귀와의 거친
씨름도
임인의 그믐 해와 함께 붉게 물들어
서산 너머 사라지고

달님의 노래 토선생의 지혜 속
밝아오는 계묘년 새 아침에
자유 공정 평화 거짓 없는 진실만이
충만하고
복된 참된 세상이 오기를 꿈꾸며

임인의 맹호 잔등에서 마지막 질주하며
찬란한 기운과 광명이 방방곡곡
가득하기를 기리고 두 손 모아 경건히
새해를 맞는다.

* 2022.12.31. 임인 그믐날

여의주 한아름

만경창파 용오름 세상의 기를 모으고
우주만물 영기 변함없이 엉기어 돌아
삼라만상 갖은 풍상 품어 들여 녹여내어
하늘 땅 한가득 광명으로 채우고

토선생 지혜에 업히어 쉼 없이 달려온
나날들
힘들고 서러운 펜데믹 그들의 잔영마저
지워버리니
숨죽여 허덕이든 기백 불끈 솟아 흐르고 넘쳐
용트림에 오른다

푸르고 영롱한 여의주 그 영검은 밝아오는
갑진 여명에
더욱 진실된 자유 공정 평화 참됨을
더 깊고 더 넓게 더 높게 자리매김하리라
굳게 믿으며

하심과 연민이 어울려 대립 갈등을 버리고
높낮이 없고 꾸밈없이 어화둥둥 어깨춤 함께하는
그런 세월 꿈꾸며 청룡의 기운 힘차게
맞아들인다.

* 2023.12.31. 계묘 그믐날

소백의 문경지우 刎頸之友

소백의 정기 서천 타고 한수에 이르고
영남 벌 기백 온 누리에 뻗히니 세상 곳곳에
자리한 터전

3년의 배움 상혼은 자기발전과 조국번영의
초석이 되어
무탈히 육순과 종심소욕을 넘기고
굳건한 정신과 건강한 안식을 도모하였고

까까머리 추억을 떠올리고 넣기를 빼기를
차변 대변 꿈을 더듬으며
백설이 내린 주름진 얼굴 환한 미소
영상의 혼들은 얼싸안고 춤을 춘다

총·균·쇠·투쟁과 질병 산업발전의
숨 막히는 세월의 변천
인류의 운명을 가르고 삶의 질을 결정하였지만
우리들은 단련과 성취 속에 기쁨을 누리고

코로나는 만남과 회포를 앗아도 소백의
문경지우 刎頸之友는

굳건히 일어나 서울 밤하늘에 메아리 치고
새로운 기상 드높이 올릴 제

영상의 학우는 남은 생의 여백도
아름답고 고운 비단결의 자락 같을지니
운우지락雲雨之樂이 걸음걸음마다
그득 하리라

힘차게 들어 올린 축배의 잔에 만나고
또 만남의 환희를 가득히 담고 다 함께
축복하며 더욱 힘차게 더 많이 교통하며
연민의 정으로 이 언덕에서 저 언덕으로의
행복을 찾으며
정겹게 더불어 살아가리라.

* 2022. 12. 9 영상일구회 년차 총회에서

아! 제일인이여!

소백의 정기 타고 영남 벌 굽어보는 명문의
품에서
농업의 전사로 상업의 선구자로 공업의 달인으로
인문학의 대가를 꿈꾸며 고교 시절의 첫발을 디디어

3년 배움의 혼을 불살라 자기발전과 조국 번영의
초석이 되었고 더 높고 더 많은 세상살이를 찾아
거침없이 나아가 세상 곳곳에 터전을 이루었네

총 · 균 · 쇠 · 투쟁과 질병과 산업 발전의 숨 막히는
세월의 변천 속 풍파 높고 거친 미지의 세상에
힘차게 나아가 저마다 할 일에 정성과 온 힘을
다하여 성취의 기쁨을 누리고

바쁘고 분주한 일상에서 벗어나 선배 후배
하나되어
어깨도 나란히 두 손 마주 잡고
흰머리 주름 깃든 얼굴 아직은 동안인 서로의
얼굴에서 나를 찾으니
한마당 축제 속에 제일인의 우정과 기상은
서울 밤하늘에 메아리친다

영주 고을 서천의 물줄기 서천교의 머릿돌
철탑산의 영기는
언제나 추억 속에 맴돌고 영원한 안식처
그리운 고향산천으로 우리를 보듬으니
제일의 문경지우刎頸之友는 정신과 육체 모두의
아름다움과 건전함을 이루어 남은 생의 여백도
곱고 고운 비단결 같음을 소백산의 여명과
일출이 말하네

이제 힘차게 들어 올린 이 축배의 잔에 더 많은
교통 보살핌 연민의 정을 흠뻑 담아
백세시대의 건강과 행운을 다 함께 축원하며
더욱 정겹게 소통하고 더불어 살아감이 어떠한가

아! 제일인이여!
강녕하고 행복 할 지어다.

* 2023.12. 21 제일고 총동문회 연차총회에서

남산시민대학의 꿈

백설 춘삼월 훈풍에 여울되어 흐르듯
쏟아지는 배움과 성찰 열정 한가득 품어
들이고
남산자락 용산 천승뜰에 우뚝 선
남산시민대학

새 단장되어 청춘대학으로 거듭나니
만장한 학구의 열기 학당을 뜨겁게 달구고
새로운 학년 향한 기대와 보람이 넘쳐
흐르네

단순한 노래와 교양을 벗어나 흘려버린
청춘을 새로이 불러모아
더 흥겹고 더 정열적인 참여 속에
트로트 열풍 따라잡는 음악 여행에 오르고

선진대열 속 위상에 걸맞는 글로벌
시민의식
갈등관리와 공정사회 상생을 선도하는
역군으로서의 발돋움
가정연합과 평화공존의 세상을 여는

선구적인 역할을 연마하는 기쁨과 즐거움이
충만한 힘찬 배움의 전당

너도나도 앞다투며 업그레이드되고
신명나는 동아리 활동
정성 모아 맛깔나는 오찬 꿈꾸며 함께하는
노도처럼 번져나가는 함성

언제나 든든한 울타리 천승교회 용산구청
축복하며 감사와 은혜 실천하는
학우들의 기개
남산을 올라 하늘에 닿는구나.

* 2024.3.13. 남산시민대학 입학식에서

청와대

겨레의 정기 북악 기슭에 서리어
봉황의 터를 이루고
한수를 벗하여 별궁 후원 관저 세월 변천에
기능과 영욕이 점철 되었네

선정 폭정 고난 영광 영명 치졸함이
움트고 사그라져
한 세상 휘어잡고 오그리고 펼쳤으니

동경 질시 원망과 찬탄의 그늘이었고
금단의 구중궁궐이었으나

오늘의 운세에 힘입어 푸르고 정갈한
운치가
만인의 품안에 어우러지어 너도나도
봉황 되어 뛰고 날고 춤춘다.

평설

저녁노을 창조의 빛
필자 2023.11.17 한강망원공원에서 촬영

평 설

아련한 그리움의 정이 넘치는 「류용하」의 시 세계

박 영 률 박사
(교육학/철학)박사 · 시인

I. 시작하는 글

「류용하」 시인의 제 4 집 『호랑나비와 개미장딩이』라는 시집이 은은하게 독자의 마음을 파고든다. 시인의 작품들이 그리움을 이미지화한 것들이 시속에 내재 되어 있음을 보게 된다.

그의 첫 시집은 『서천에 흐르는 소백산』이며 부제로 "고향 산천과 새생명" 이라고 명명했다. 누구나 고향은 그리워지게 마련이다. 경상북도 영주가 고향인 시인은 첫 시집을 발간하면서 유승우 박사께서 평설을 쓰셨는데 "원형에 대한 향수의 시적 형상화"라는 제목을 달았다. 이미 우리가 다 아는 대로 시는 언어 예술이고 예술의 "예"자는 "인간이 나무를 심는 모습을 상형한 글자"이다 라면서 이 글자는 "씨앗을 심다"라고 풀이하고 있다고 밝히면서 인간이 왜 나무를 심는가 반문하면서 그것은 숲을 가꿔 열매를 맺기 위해서인데 "열매는 나무에 맺힌 자연의 결실이고 시는 사람이 지은 생명의 열매"라는 은유가 성립되는데 예술은 나무에 맺힌 열매처럼 자연스러운 예술작품을 짓는 기술이란 의미가 된다고 유승우 교수는 밝힌 바 있다. 류용하 시인의 두번째 시집은 『꽃잎은 바람에 흔들리고』 서정적인 제목을 사용했고, 세번째 시집은 『하늘 땅 사람이야기』를 상재한 바 있으며 네번째 시집으로 『호랑나비와 개미장딩이』라는 매우 토속적이면서도 의미심장한 창작물을 빚어서 세상에 내놓았다.

류 시인은 2020년 "하나로 선 사상과 문학"지 겨울호에 정식 시인으로 등단하셨고 이어서 한국문인협회에 가입까지 마치셨다. 그만큼 왕성한 창작활동을 하셨음을 보여주고 있는 것이다. 등단 이전부터 꾸준히 습작을 하면서 내공을 쌓았다는 뜻이다.

나이가 연만하셔도 시 창작에 있어서는 대단한 열심과 열정이 있음을 보게 된다. 열심과 열정 앞에는 당할 사람이 없다는 말처럼 시인으로서의 튼튼한 자리매김이 된 분이시다.

류 시인의 시속에는 맥맥히 흐르는 일관적인 정서가 있는데 그것은 "그리움"이라 하겠다. 그리움이란 사전적인 뜻은 "보고 싶어 애타는 마음, 사모의 정"이며 그리움에서 그리워진다는 생각을 하게 되는데 이 또한 "보고 싶어 애타는 마음이 생기다(feel Lonely for)』를 의미한다. 사실 정상적인 사람이라면 누구나 그리움이 있게 마련이다. 보고 싶어서 간절히 생각하다 보면 사모하게 된다(admire : Long tor). 그것은 인간이 가진 감성이 있기 때문이다. 이 감성은 근원적으로 "그리다"와 연결지어서 첫째는 어떤 현상이나 대상 따위를 말이나 글로 써서 나타내고(descnbe), 둘째는 없어진 대상을 회상하거나 상상하다(imagine)에서 연결지어 생각할 수 있을 것이다. 시인의 네번째 시집을 잘 살펴보면 시인이 사용하는 시어들 가운데 "연정"이 16회, "연민"이라는 말이 8회, "순정"이 6회나 나타나고 있음을 보게 된다.

시인의 보고 싶은 대상은 사람일 수도 있고 기억 속에 지워지지 않는 어떤 상황이나 추억들의 회상일 수도 있을 것이다.

필자 자신도 시를 사랑하고 시를 빚는 사람으로서 종종 밤을 지새우며 그리움이 사무칠 때가 있었음을 고백하지 않을 수 없는 것이다. 시간이 흐르고 세월이 흘러 아련한 잊힌 기억들을 더듬어 보면서 잠 못 이루는 밤이 있었음을 생각해 본다. 그리움은 「정」이 있기 때문이다. 이 「정」은 나눌수록 더 가까워지며 '사랑'은 베풀수록 더 애틋해지게 마련이다. 비근한 예로 커피를 함께 마시며 커피향과 그리움에 취해 같이 있기만 해도 좋은 기억들과 추억들이 다 있을 것이다.

또는 이미 이 땅에 계시지 않는 어머님에 대한 생각이 나면서 구수한 된장찌개도 그립고, 된장찌개만 대하면 어머님 생각이 나서 어렸을 적 옛날로 돌아가기도 한다.

류 시인의 시를 대하면서 정이 많다는 생각이 드는 것은 그만큼 순수한 마음을 가졌음을 볼 수 있는 것이다

김봉군 박사는 「문학은 진리를 말하는 방식(a way of

saying)이기는 하나 그 진리는 개념적인 진리가 아닌 체험되는 진리다. 문학의 진리는 닫힌 진리가 아닌 열린 진리다」라고 그의 책 『문학이란 무엇인가』에서 밝힌 바가 있다. 김 박사는 「좋은 작품은 열린 감동의 계기를 창출하며 독자들에게 다가간다. 직설, 설명, 영탄, 절규의 닫힌 레토릭의 정치사는 여지없이 감동력 환기에 실패하므로 생명력이 없다. 문학의 말하기 방식은 어디까지나 문학적인 것이라야 한다. 생명력을 잃지 않고 오래 읽히는 문학의 요건은 개성과 독창성, 보편성, 항구성이다」라고 하면서,

또한 「시는 설명이 아니다. 수필은 '나'의 이야기에 그치는 신변잡기가 아닌 '우리'의 이야기다」라고 갈파했다. 예를 들면 "달밤에 여치가 운다. 여치 소리에 고향이 그립다." 이건 시가 아니라 직설이요 설명이다. 시는 되도록 설명이 생략되어야 한다. 항상 필자가 즐겨 말하는 것이지만 석양이 아름답다 황홀하리만큼 아름답다면 그것은 누구나 느끼는 감정이다. 하지만 "스러져 가는 태양이 나뭇가지에 찔려 철철철 피를 흘리고 있다"고 표현하면 시적 감흥이 있게 마련이다.

태양이 나뭇가지 사이로 지는 것을 보면서 옆에서 같이 보고 있는 아내에게 "여보, 태양이 나뭇가지에 찔려 피를 흘리고 있는 것 좀 봐"하면 "당신은 역시 시인이 맞아" 할 것 같다.

시는 설명하지 말고 이미지를 창조해야 한다. 우리가 다 아는 대로 인문학은 문학, 철학, 역사를 통틀어 말한다. 이 인문학의 중핵을 이루는 것이 문학이다. 문학에는 여러 장르가 있다. 시, 수필, 소설, 희곡, 동화, 시조, 아동문학 등등이 있다.

문학의 말하기 방식(a way of saying)은 들려주기(telling)가 아닌 보여주기(showing)여야 한다고 카터 칼웰(carter Calwell)은 말하고 있음을 주목할 필요가 있다.

시가 어려운 것은 은유, 비유로 이미지를 만들어 내야 하기 때문이다. 한 권의 시집을 낸다는 것은 그만큼 각고의 노력이 따를 수밖에 없다. 때로는 밤잠을 설치기도 하고 메모지를 가지고 다니며 생각이 떠오를 때 메모해 두어야 한다. 또한 세심한 언어 감각도 있어야 한다. 이번에 노벨문학상을 받은 한강 작가는 모 신문에 신춘문예로 등단한 시인이다. 시인은 섬세하다. 그가 먼저 시인이 되고 소설에 매달려서 그의 소설에는 시적 표현이 많이 나타남을 알 수 있다. 한강 작가의 첫 문학작품이 시집으로 『서랍에 저녁을 넣어 두었다』는 것인데 2013년 초판 발간 후에 44쇄를 찍었다고 하니 그는 시인으로서 그만큼 독자가 많음을 보여주고 있다. 『서랍에 저녁을 넣어 두었다』니 서랍에는 귀중품이나 중요한 것을 간직하기 위해서 보관하는 곳이다. 그에게는 저녁이 보물인 것이다. 밤늦도록 글을 쓰는 작가로서 보관된 것을 꺼내어 즐긴다는 생각이 든다. 그만큼 저녁이 중요한 것이다. 그는 친히 말하기를 시와 단편소설, 장편소설을 함께 하고 있는 것이다. 이번에 한림원 측은 "역사적 트라우마에 맞서고 인간생의 연약함을 드러낸 강렬한 시적 산문을 써 왔으며 자기 작품에서 역사적 트라우마와 보이지 않는 지배에 정면으로 맞서며 인간 삶의 연약함을 드러낸다."면서 "그는 육체와 영혼, 산 자와 죽은 자 간의 연결에 대해 독특한 인식을 지니며, 시적이고 실험적인 문제로 현대 산문의 혁신가가 됐다"는 노벨문학상 선정 이유를 밝혔던 것이다. 그의 문학적 정신과 실력을 극찬했다. 문학은 문학가의 상상력의 산물이다. 항간에는 그의 소설 가운데 일부가 선정적이며 난잡하다고 안 좋게 보는 사람도 없지 않으나 한강 작가 자신이 노벨문학상을 받겠다고 한 것도 아니고, 어디까지 한림원에서 다각도로 여러 차원에서 살피고 문학적 상상력과 문장력을 검토한 끝에 그의 실력을 인정했으니 얼마나 감사하고 축하하며 축복할 일인가? 부정적인 생각을 하는 사람 가운데 노벨상 심사위원들을 문제 삼은 사람들은 적어도 겉으로는 아무도 없는데 작가는 상을 주어서 받았는데 작가를 탓해서는 안 될 것이다.

한강 작가가 우리나라의 문학의 변두리에서 중심부로 우뚝 세우는 일에 크게 공을 세웠고 한국문학의 세계화에 크게 기여했음이 분명하니 감사하지 않을 수 없는 것이다. 기쁨이 큰 것이다. 이제는 한국문학이 세계화의 물꼬를 텄으니 제2, 제3의 한강이 배출될 것을 기대하게 된다. 작가마다 견해가 다르고 평가가 있을 수 있겠으나 적어도 내놓고 말할 일은 아닌 것이다.

II. 류용하 시인의 시 세계

이제 류 시인의 제 4 시집을 살펴보기로 한다. 1부에서 5부까지 총 120편의 시가 짜임새 있게 배치되었다. 시간과 지면 관계상 다 다룰 수는 없고 각부마다 한두 편씩의 시를, 감상

함으로 시인의 시의 세계를 살펴보기로 한다.

"시인의 말"에서 시인은 「우리는 매일 길을 나선다. 세상을 향해서 그 길은 여러 갈래이며 그 길이 어떠한지는 가 보아야 알 것이다. 또한 그 길을 만들고 다듬고 남기고 추억함도 우리들 각자 모두의 몫이 아닐까 한다」고 했다. 인간의 삶의 여정을 길이라고 한다면 사람마다 추구하며 나아가는 길이 있기에 길을 가는 과정에서 길을 내고 다듬고 남기고 추억함이 다 다를 수 밖에 없는데 그것은 각자의 몫이라는 것이다. 다 같을 수가 없고 비슷비슷한 것 같지만 다르고 같은 것 같으면서 다르다는 사실의 인식이다. 다시 말하면 인간의 길의 다양성을 통하여 각자의 개성, 생각, 통찰력의 차이가 있음을 밝히면서 짧으면 짧은 대로 길면 긴 대로 각자의 철학과 사상이 있음을 객관화시키고 있다고 할 것이다.

제1부는 〈새벽바람〉이라고 했다.

시집의 제목이 『호랑나비와 개미장딩이』라고 했으니 흔하지 않는 제목으로 매우 궁금했다. 시집의 제목으로서는 특이하다. 우선 「호랑 나비」라는 시를 살펴보면 2연에

"보내버린 그 날도 뛰쳐나올 내일도/ 오늘의 자락도 알록달록 한 마리/ 나비 되어, (생략) 4연에 "그 님 내 님 마음과 마음 얼싸안고/ 모란꽃 지천인 피안으로 훨훨/ 나른다"고 했다.

호랑나비는 생각 자체가 알록달록하다. 그것은 자신의 표시이며 상징이다. 때는 모란이 피어 지천인 계절에 그 님, 내 님 마음과 마음이 하나 되어 얼싸 안고 피안으로 훨훨 나른다고

했다. 여기서 피안이란 명사로는 "저편의 강 기슭"을 나타내며 종교적으로는 (불교) 도피안의 준말로서 모든 번뇌에 얽매인 고통의 세계인 생사 고해를 건너서 이상경인 열반의 세계에 도달하는 경지를 말하는데 그곳으로 훨훨 날고 싶음을 나타내고 있다. 이것은 곧 시인 자신의 소망과 의지를 표현한 것이라고 본다. 류 시인의 정신적 이상의 세계를 바라고 있다는 것이다. 시인은 그의 시에서 "저편의 강 기슭" 아름다운 경관을 즐기면서 날고 싶다는 것이다. 이것은 철학적이며 또한 서정적인 정서를 귀하게 여기는 시인의 마음이다. 그래서 그냥 나비가 아니라 호랑나비로서 살고 싶음을 상징하고 있는 것이다.

따사한 햇볕 한가득 흐르는 물가/ 한낮의 졸음이 서리고/ 수초 가장자리 피라미 떼 사랑을/ 이을 때 // 건너 뛰는 연인 발걸음 돌부리에/ 채이고/ 건너편 빨래 돌 닦는 그녀 손길/ 물속에 어리는 님의 숨결 한가득/ 움켜쥐니 // 개울 속에 비치는 그날의 달콤한/ 연정/ 잔잔한 물길 따라 굽이굽이 굽돌아/ 모래무지 마냥 뜨거운 가슴/ 깊숙이 스며든다. -「개울」전문.

이 시는 시골에 살던 때를 회상하며 농촌의 정경을 "개울"이라는 흔히 농촌에서 누구나 보고 느끼고 추억하는 서정이 넘치는 글이라 하겠다. 어렸을 때 피라미 시절의 애틋한 사랑을 회상하고 있다. 개울 건너로 가려면 돌다리를 건너야 하고 급한 마음에 서두르다가 발걸음이 돌부리에 채이고, 건너편에는 빨래하기 위해서 빨래 돌을 깨끗이 닦는 그녀의 손길이 보이고, 그녀도 서둘러 자신에게 돌다리를 건너오는 남자

임을 보고 가슴이 설레이고 두근거리며 숨을 쉬는 마음이 느껴져서 그 숨결을 움켜쥔다니 젊은 남녀의 연정이 흐르는 물길 따라 일렁이고 가슴이 뜨거워지며 마음 깊숙이 스며든다고 했다.

  지난간 날 젊었을 때의 마음속으로 서로 사랑의 정을 품었던 기억을 더듬으며 "그날의 달콤한 연정"을 생각하며 추억하고 있는 것이라 믿어진다. 그만큼 순수한 아름다운 감정과 감성이 깃든 시라 여겨진다. 시인의 순수함을 엿보게 된다. 이 얼마나 아름다운 순수함인가! 그런 순수함이 있었기에 곧 시인이 된 것이라 하겠다. 그리워하는 마음이 가득한 시인이라는 말이다. 그러니까 그의 시어 가운데 연정이라는 말이 16곳에 나타나고 있는 것이라 생각된다.

  제2부 〈길을 찾아서〉라는 소제목을 붙였다.
  인간은 길 위에 서 있는 나그네다. 어느 누구도 길 위에 서 있지 않은 사람은 없다. 건강과 직업의 유무를 떠나서 모든 사람은 어떤 길이든 길을 간다. 가는 길이 수월할 수도 있고 어려울 수도 있으며 가는 길에 중심 인물 일수도 있고 곁가지 일 수도 있다. 마치 영화로 치면 주인공도 있고 조연도 있으며 출연진들이 각기 다양한 역할을 한다. 다양한 역할을 하면서 갈등과 조화를 이루면서 관객들에게 흥미를 주는 것이다. 관객에 따라서 느끼고 깨닫는 것이 다 같을 수는 없다. 시인의 시도 마찬가지다 시를 읽고 보는 느낌이나 견해는 다 다를 수 있다는 뜻이다.

새싹 돋더니 어느새 가지 위에 바람이/ 얹혔네/ 바람은 쉴 새 없이 가지에 속삭이고/ 속삭임에 묻혀온 아랫동네 절절한 사연들 // 가지에 깃든 산새 비바람 헤치며/ 먹이 찾고/ 고개 내민 햇살에 벌 나비 꽃잎 찾을 때 // 숨겨둔 순정 노랫가락 되어 산기슭을/ 맴돌고/ 가슴속 깊숙이 응어리진 숱한 염원들/ 곁가지 되어 흔들리네// 아픈 다리 쉬어가듯 오늘 하루 또 묶어두고/ 내일의 새로운 나날 기다리며 각박한/ 세월을 여읜다. -「곁가지」 전문.

이 시에서 "새싹 돋더니 어느새 가지 위에 바람이 얹혔다"고 했다. 세월이 그처럼 빠르게 흘러간다는 것이다. 새싹은 이른 봄에 돋는다. 가지가 되기 위해서는 새싹이 잎이 되어 그 잎이 자라서 가지가 되는 것이다. 새싹이 하루아침에 가지가 되지는 않는다. 가지가 되기 위해서는 나름대로 긴 시간이 필요하다. 세월이 흐르고 계절이 바뀌어야 한다. 시인는 어느새 라는 말을 사용하므로 그만큼 시간이 빠르다는 표현이다.

사람도 마찬가지다. 엊그제 태어난 것 같은데 필자 자신도 어느새 80대 중반을 향해 달리고 있으니 지나간 시간은 빠른 것이다. 그런데 가지 위에 바람이 얹혔다고 했다. 왜 바람이 지나가지 않고 가지에 얹혔느냐는 것인데 시인은 가지에게 계속(쉴새 없이) 속삭이기 위해서라 했다. 바람이 가지에게 무슨말을 속삭인다는 것일까? 그것은 아랫동네의 절절한 사연이라고 했다. 그 사연들이 큰 소리로 말하는 것이 아니라 소곤소곤 속삭임이란다. 그것은 큰소리로 떠벌려서는 안 될 비밀스러운 사연들일 것이다. 바람이 시인이 사는 곳의 나뭇가지에 머물기 전에 아랫동네를 거쳤음을 보게 된다. 우리나라 옛말은 "낮말은 새가 듣고, 밤말은 쥐가 듣는다"고 했다. 비밀이란 없다는 뜻이다. 속삭이듯 소곤소곤해도 결국은 다 알게 된다. "발 없는 말이 천리를 간다"는 말도 있는데 그만큼 말 조심해야 한다는 교훈인 것이다. 가지에는 새들이 바람을 헤치며 먹이 찾아오고 벌 나비도 꽃잎 찾아온다고 했다. 마찬가지로 남몰래 감추어 둔 순정도 즉 순결하고 사심 없는 순수한 애정도 결국 소문나게 마련인 것이다. 시인은 그 비밀스러운 것이 노랫가락 되어 산기슭을 맴돌며 소문을 퍼트린다는 것이다. 순식간에 온 동네에 소문이 나는 것이다.

원 나무보다도 곁가지가 먼저 알고 원 나무도 결국 알게 된다는 사실이다. 각박한 세월을 살면서 조심 또 조심하며 살아가야 함을 깨우쳐 준다.

또 다른 시를 보자

반드시 가야 하는 길 올 때도/ 혼자/ 갈 때도 혼자 // 아무도 손잡고 함께 가지/ 못하는 길 // 무엇을 얻고 무엇을 남겼나 // 인연의 굴레 세월의/ 강가/ 한 귀퉁이 세워두고 // 봄눈 녹듯 바람같이 홀홀이/ 떠나는 길 -「바람길」전문.

사람이 사람으로서 해야 할 일이 있기에 반드시 가야 할 길이 있게 마련이다. 혼자 해야 할 일이 있고 함께 해야 할 일이 있지만 인간이 태어날 때는 홀로 온다. 일란성 쌍둥이라도 순서는 다르기 때문이다. 그런데 죽을 때도 혼자 죽는다. 같이 죽는 경우는 전쟁 외에는 없다. 이 땅에 홀로 태어나서 홀로 죽는 날까지 우리는 무엇을 얻었으며 무엇을 남겼는가? 생각해 보면 심각해진다. 보람되고 가치 있게 바르게 살았는지? 살고 있는지? 뒤돌아 보게 한다. 결국 인간은 살아오면서 함께했던 인연이나 관계, 모든 것을 떨쳐버리고 바람처럼 떠나고 없어진다. 짧은 시속에서 인생길은 결국 바람길이라 할 것이다. 인생은 바람임을 말하고 있다.

 제 3부의 소제목이 종소리이다.
 종은 울려야 종이다. 종소리라고 했으니 울리는 중이다. 어떤 소리를 내는 종인가? 종은 대개 비슷비슷한 소리 같지만 자세히 보면 그 울림이 다 다르다. 인간이 비슷 비슷하지만 그 삶의 색깔이 다 다를 수밖에 없다. 맑은 종소리가 있고 둔탁한 종소리도 있다. 우리가, 아니 내가 울리는 종소리는 어떤 것인가? 문학 하는 사람으로서 문학적인 종소리를 내어야 할 것이다. 시인이 내는 종소리도 다 같을 수는 없고 또 그래야만 특성과 가치가 있다. 이번에 한강 작가가 세계를 울리는 큰 종소리를 냈다. 세계가 그의 문학적인 자질과 상상력을 인정한 큰 울림인 것만은 사실이다.
 다시 시를 본다.
 비바람 염천 거세고 혹독해도 한 줌 두줌/ 가리가리 파고 들어/ 잇고 통하고 보물 창고 그득하네 // 실 허리 억센 의지 줄줄이 빈틈없는 협동/ 경천동지 하고 // (생략) 한 장 두 장 뚫고 쌓고 공염불 허투루 없는/ 쇠심줄 끈기/ 떠돌이 장돌뱅이 본체만체 금탑 탄탄대로/이룰 적 // 절구통 물고/ 바위 굴리는 어중이떠중이/개미장딩이 올라 세상 이치 배우고/큰 산

넘어 지평 보는 지혜를 깨우친다. -「개미장당이」일부.

시집 전체 제목이 『호랑나비와 개미장딩이』인데 "개미장딩이(개미허리의 경상도 방언)" 란 시를 살펴본다.

우리나라에 "개미"에 대한 교훈이 많이 있다. 개미는 허리가 가늘고 힘이 없이 약해 보여도 부지런함(쉬지 않고 일함)이나, 준비성, 의지, 협동정신, 질서는 우리가 배워야 할 많은 교훈을 준다. 그래서「개미의 역사」라는 말도 있다. 허리가 가늘어서 힘없어 보이는 개미도 제가 할 일은 다 하는 것을 본다. 시인은 "호랑나비와 개미장딩이" 곤충을 통하여 자신의 의지와 뜻을 밝히고 있음을 깨닫게 된다. 호랑나비처럼 색깔 있는 날개를 펼치고 싶고 개미장딩이처럼 약해 보이는 개미지만 개미가 이루는 큰 역사를 이루고 싶다는 사실이다. 어떤 면에서는 시인의 메시지요 시인 자신의 의지의 표현이다. 류 시인은 한 때는 몸이 약해 고생을 많이 하셨으나 현대의학과 본인의 삶의 의지로 건강을 회복하여 이른 새벽부터 일어나 한강가를 걷고 있는 의지가 강하며 또한 사진 찍는 일을 하면서 아름다운 정서를 표출하는 시인이다. 또한 본인은 질서를 지키며 주어진 일에 남달리 충직스럽게 열심을 다하여 체신부 노동부에서 일했으며 근로복지공단 본부장까지 역임하셨다. 그러면서도 시 창작에 힘써서 등단하시고 한국문협의 정회원으로서 시집도 네 권이나 상재했다. 부지런한 것은 개미를 닮았고 호랑나비처럼 색깔 있는 날개를 치며 공중을 마음껏 날고 싶은 시인임을 알 수 있다.

또 한 편의 시를 감상해 본다.

구름 비껴 황금빛 뿌리며 하루 마침표를/ 찍는 저녁해 대교 난간에 걸리고/ 분주히 오가는 차량 물결 무엇을 싣고/ 무엇을 나르는가 // 못다 피운 청춘의 기백 못다 이룬 그날의/ 연정 꿈/ 켜켜이 싣고 어디로 향할까 // 언제나 대교는 제자리이나 스치는 바람은/ 세상사 온갖 사연 실어 나르고/ 삶의 여정 무수한 곡절 인생 한평생/ 꿰뚫어 안아 들고 방방곡곡 달려 보낸다 // 친구여 다리 감싸고 흐르는 물결 속/ 숨겨진/ 그날의 연가가 들리는가/ 그날의 애틋한 수줍은 그님이 보이는가/ 한강 노을이 가장 아름다운 성산대교는/ 언제나 듣고 보고 어루만지는구나. -「성산대교」전문.

시인은 성산대교 근처에 살면서 아침저녁 한강을 자주 찾아 걸으며 태양이 난간에 걸려 아름다운 빛을 발하는 광경을 보면서 사진도 찍고 시상도 잡아서 시를 쓰는 서정시인이다. 그만큼 성산대교 밑에 흐르는 물결 속에서 숨겨진 그날의 애틋한 그님을 생각하며 얽힌 추억들을 연상하고 있는 것이다.

제4부는 〈생의 여울〉이란 제목을 붙였다.

이제 그의 시「손주 그림」을 감상하고자 한다.

도화지에 나는 앙증맞은 손놀림/ 삐뚤빼뚤 손발이 생겨나며/ 그려지는 함박웃음 // 하늘이 내린 천사 앙앙 발버둥이 눈에/ 선한데/ 할아버지 할머니 삼촌 우리 가족/ 모두 모이니 // 그림 속에 보이는 총기는 대를/ 이음이고/ 조상 은덕 온 가족 따사함이 그림으로/ 녹아든다 // 해와 별 정기 받아 세상에 우뚝 서고/ 하늘의 은혜에 보답하는 성스러운/ 거목

되리라/ 그림 속에 나부끼는 바람 소리가/ 들려준다. -「손주 그림」전문.

　우리는 예부터 내리사랑이라는 말이 있듯이 할아버지 할머니의 손주 사랑은 대단하다. 손주가 예쁘고 사랑스러우면 그가 하는 모든 것이 귀엽고 사랑스럽고 자랑하고 싶은 마음은 인지상정이다. 손주가 그림을 그리는 앙증맞은 손놀림이 비록 삐뚤빼뚤해도 손주의 손으로 그린 그림은 웃음이 절로 난다. 마치 그림 속에 보여지는 총기를 보니 대대로 대를 이음이고 온 가족이 따사함이 그림 속에 녹아 있음을 보면서 마침 해와 별의 정기를 받아 세상에 우뚝서는 거목이 되기를 열망하는데 그림 속에 나타나는 바람소리가 들려준다고 했다. 할아버지 시인으로서 느껴지는 감성이 아름답게 잘 나타난다고 하겠다. 〈손녀의 당부〉도 손녀가 할아버지 넘어지면 안 되는 애틋한 마음이 보이고 산책 그만하시라는 손녀의 음성이 귓전에 맴돈다는 할아버지의 손녀 사랑이 묻어나는 시라 하겠다. 이 시도 한강 망원공원 축구장에 쌓인 겨울에 손녀와 함께 손잡고 산책하는 모습이 눈에 보이고 있다. 이 시에서는 가정이 화목하고 행복한 삶의 여정을 느낄 수가 있다.

　까만 하늘 흰 구름 스쳐가는 자리/ 어디선가 쏘아올린 한줄기 광음/ 그날의 애절한 연정 품어들고/ 앞 별 뒷 별 끊임없이 돌고 돌고 // 추억의 강은 둥글고 모난 돛을 그리고/ 여물지 못한 순정은 자갈밭 되어/ 뒹굴고/ 아낌없이 보내는 축복의 염원은/ 별의 강 되어 흐른다 // 모질고 거친 생과 삶 엇갈린/ 세월에/ 다듬고 씻기어 별빛되어 반짝이고/ 못내 버리지 못한 애절한 연민/ 별똥 되어 하늘을 떠돈다. -「별똥별」전문.

  이 시속에는 첫 연에 "연정" 그것도 애절한 연정으로 표현 되고 둘째 연에는 "순정"이 나오는데 "여물지 못한 순정" 그리고 마지막 세번째 연에서는 「연민」이 나오는데 "못내 버리지 못한 애절한 「연민」이라고 했다. 이 짧은 세연에서 「연정」, 「순정」, 「연민」이 계속 나오는데 끝내는 버리지 못한 애절한 연민이 별똥별 되어 하늘을 떠돈다고 끝내고 있다. 「연민」이란 불쌍하고 가련하게 생각함을 의미하며 그것이 안타까워 딱하기(Compassion)가 짝이 없는 하늘을 떠도는 별똥별이라고 했다. 어쩌면 시인 자신이 젊었을때 사랑이 싹트고 사랑의 추억이 있었던 첫사랑을 의미할 수도 있을 것이다.

  세월이 많이 흘러갔지만 그 세월은 순탄하지만 않고 모질고 거칠었고 엇갈린 삶 이루지 못한 사랑에 대한 애절한 연정이요, 여물지 못한(열매 맺지 못한) 순정이기에 자갈밭 되어 흩어져 뒹굴어 버린 가버린 사랑이라는 것이다. 그러기에 더욱 버리지 못한 연민의 정이 애절할 수 밖에 없음을 보여 주고 있는 것이다. 잊을 수 없는 애절한 연정, 버리지 못한 애절함이 마치 하늘을 떠도는 별똥별이라고 절규하는 것이다. 아름다운 추억을 가지고 있는 시인이 아닌가 싶다. 제4부의 소제목이 "생의 여울"이라고 했는데 생의 여울이란 짧지 않는 세월을 살아오면서 여울처럼 물결이 일렁일렁하듯이 또는 물살이 거세게 흐르듯이 삶이 순탄치 않았음을 보여준다. 「여울」이란 "강이나 바다에 물살이 세게 흐르는 곳"이라면 시인 자신도 그 과정을 많이 겪었으리라 생각된다. 그런 가운데서도 손주의 그림이나 손녀의 할아버지 걱정하는 모습을 볼 때 그 어려운 가운데서도 자녀 교육에 소홀하지 않았기에 그의 시속에 가정의 분위기를 알 수가 있다.

좋은 가정, 행복한 가정, 정이 넘치고 사랑과 존경이 묻어나는 가정임을 보면서 부러운 마음이 든다. 류 시인의 삶의 여정에도 농촌 출신으로 객지에서의 생활, 직장에서의 생활, 또한 건강이 좋지 않아 병마와 싸우면서 그의 삶이 결코 순탄하지마는 않았을 것인데 그 과정을 겪으면서 잘 극복해서 오늘에 이른 가정의 아름다운 모습을 그의 시 (작품)에서 보게 된다.

그의 「영월」이라는 시를 보고자 한다.

동강 서강 감싸고 돌아 청룡포/ 애사를 품고/ 장릉의 충절을 받드니 삿갓의 해학/ 골골이 살아 숨쉬네 // 봉래산 활공 하늘을 수 놓고/ 주천의 술샘 세상을 취하게 하며/ 별마로 별 헤는 밤 꽃피는/ 문학 세계/ 우리의 가슴 설레게 하네 // 어울린 문학 동호인 열차에/ 열정을 싣고/ 어수리 나물밥에 정취를 더하며/ 문학 중흥과 이 고장 발전을/ 축원하는 혼을 심는다. -「영월」전문.

영월군의 초청으로 여러 문학단체들이 연합하여 열차로 영월 문학기행을 했다. 단종의 애사가 서려 있는 청룡포와 장릉, 그리고 김삿갓면을 살펴본적이 있다. 180여 명이 함께한 자리다. 군청에서 관광 버스 다섯대를 협찬한 나들이다. 김삿갓면이라고 이름 붙인 곳은 그곳뿐이다. 삿갓쓰고 전국을 떠돌며 가무를 즐기며 해학이 넘쳤던 김삿갓을 모르는 사람은 없을 것이다. 그런 분주함 가운데서도 류 시인은 「영월」이라는 시 속에서 매우 의미 있는 시를 지으셨다. 짤막한 세 연의 시 속에 많은 것을 생각케 하는 시인 것이다. 그날 참석한 많은 작가들 가운데 그날의 여정과 영월이 담고 있는 역사를 시로서 표현한 사람이 과연 몇이나 될 것인가? 그것은 류 시인의 시적 감성과 문학에 대한 애착과 열정을 느낄 수가 있었다. 역시 시인임을 입증하고 증명한 것이기에 더욱 의미가 큰 것이다.

　이제 제5부 그리움과 연정을 살펴본다.

　제5부의 제목이 류 시인을 함축적으로 표현한 것이라는 생각이 든다. 이제 그의 시를 보고자 한다.

　달 세 개에 고독과 사랑과 희망을 담고/ 끝없이 밀려드는 거대한 파도 나를/ 가두고/ 남대천 밀림다방의 수줍은 그녀/ 더벅머리 총각 활활 거센 불길을 지핀다 // 경포 오솔길에 정담은 다람쥐와/ 함께하고/ 나뭇가지 풀잎마다 설익은 연정 걸리니/ 맞잡은 두 손 연리지 되어 뜨겁다 // 해변에 남긴 발자욱 갈매기와 벗하고/ 모래 사장에 새긴 연서 수평선에 펼쳐진다 // 펄펄 끓는 정념 호수에 실어 식히고/ 해맑은 미소에 순정을 바쳐 순애보가 되었다/ 세월이 지나 망부석 되어 먼 바다를/ 떠돈다. - 「경포의 추억」 전문.

　시인은 강원도 강릉 경포대의 잊을 수 없는 추억이 있어 보인다. 시에서 달 세개가 나오는데 옛부터 경포대에 가면 달이 세개가 보인다는 말이 있었다. 하늘의 달. 경포호수의 달. 바다에 달을 뜻하는 것으로 보여진다. 어떤 사람은 거기에 더하여 애인의 눈동자에 비치는 달, 자신의 마음의 달을 포함하여 다섯개의 달을 본다는 사람도 있었다. 옛부터 경치가 아름답기로 소문난 곳이 경포대다. 필자 자신도 동해안을 가게 되면 반드시 경포대를 빼놓을 수 없는 추억이 있는 곳이기도 하다. 일부러 하루 묵는 경우는 시간에 구애됨이 없이 경포대에 숙소를 정해서 쉬는 것이 습관이 되었다. 특히 바닷가 현대호텔의 커피숍에서 탁트인 바다를 바라보면 속이 시원하고 마음이 후련한 것이 사실이다.

시인은 그의 시에서 강릉 남대천 밀림다방을 언급하면서 총각 시절 어느 여인과의 추억을 회상한다. 수줍어하는 그녀를 만난 것이다. 자신은 더벅머리 총각으로 활활 타오르는 거센 불길을 지폈던 곳이라고 했다. 다소곳이 머리숙여 얼굴 붉히는 여인을 만나 혈기 왕성했던 젊은 시절에 마음속에 몹시 사랑하고픈 연정을 가졌던 것이 분명하다. 그리하여 다방에서 나와 바로 경포호수와 바닷가로 가서 소나무 숲이 우거진 오솔길을 손잡고 산책했던 것으로 보인다. 그때의 감정이 바닷가 나무가지 (솔)마다, 풀잎마다 설익은 연정이 걸려 있는데 맞잡은 두 손 연리지 되어 뜨겁다고 했다. "연리지"란 한 나무의 가지가 다른 나무의 가지에 맞닿아서 정이 서로 통하는 것이 마치 화목한 부부 또는 남녀간의 뜨거운 사랑을 느꼈던 것 같다. 또한 경포 바다의 백사장을 걸으며 남겨 놓았을 발자욱을 생각하는 애틋함이 보인다. 이뤄지지 못한 사랑임이 틀림없다. 모래사장에 새긴 연서 수평선에 펼쳐진다는 것은 마음속으로 무수히 많은 연서를 썼는데 그 연서들이 바다의 수평선에 펼쳐진다고 했으니 보통의 사랑의 감정이 아니었을 것이다.

그리하여 펄펄 끓는 정념을 호수에 식히지 않으면 안 될 지경에 이른 것이리라. 그 옛날의 이루어지지 않은 사랑을 간직하고 추억하는 모습이 아름답다. "해맑은 미소에 순정을 바쳐 순애보가 되었으며 그 감정이 세월이 많이 지나갔는데도 망부석이 되어 먼 바다를 떠돈다"까지 표현한 것으로 보아 참으로 잊을 수 없고 잊지 못할 추억인 것이다. 전설의 망부석 되어 지금도 기다리는 마음이 일편단심 변함없음을 나타내고 있는 것이다.

이슬이 강 언덕 타고 내 집 창가에/ 서릴 때/ 뜬금 없는 병마도 창가를 기웃기웃 // 바람의 선물인지 하늘의 시샘인지/ 까까머리 된 아내의 모습에/ 나의 까까머리가 오버랩된다 // 힘든 모습 설움에 복받치는 그 눈망울/ 뙤약볕에 달궈진 차돌 되어 뜨겁게/ 가슴 깊숙이 파고들고/ 별똥별처럼 사라지길 기다리며 // 한 떨기 장미향이 그윽하던 순애보/ 추억의 보따리 천정에 매달고/ 청량한 서기 속에 해님의 함박웃음/ 젖어들고 끌어안길 꿈꾼다. - 「아내의 모습」 전문.

시인은 원치 않는 무서운 병으로 사경을 헤멘 경험이 있었고 지금은 완치 판결로 건강이 회복되어 활동하는 의지의 사람인데 어찌된 일인지 아내마저 뜬금없이 병마가 찾아와 까까머리 된 아내의 모습에 자신의 까까머리가 오버랩 되어 안타까운 심정을 나타내고 있다

아내 사랑의 마음이 절절하여 큰 감명을 받았다.

"한 떨기 장미향이 그윽하든 순애보/ 추억의 보따리 천정에 매달고/ 청량한 서기 속에 해님의 함박웃음/ 젖어들고 끌어안길 꿈꾼다"고 했으니 아내의 건강이 회복되길 간절히 바라는 마음이 전해져 온다. 나이가 들어가면서 생각하지 못했던, 상상도 하지 않았던 질병의 엄습은 괴롭고 안타까운 일인데 그런 가운데서 아내 사랑의 깊이를 알고 남편을 바라보는 그윽한 사랑의 마음이 물씬 묻어 나는 아름다운 시라 하겠다. 피차 순수하고 순결한 부부간의 사랑의 깊이를 깨닫게 된다. 순애보라는 단어를 사용하여 더욱 절절함을 느끼게 된다.

이제 마지막으로 시 한편을 더 감상해 본다.

우물가 까까머리 서성일 적 곱다란/ 단발머리 눈 마주치고/ 2·8청춘 풋내기 연정 싹트나/ 고교 3년의 어설픈 연모로 자리할 뿐 // 맺어지지 못한 인연은 꿈속으로 사라지고/ 청춘을 붙들어 맨 국방의무 중 어느날/ 우연의 장난인가 골목길 회우는/ 새로운 연정을 키웠네 // 익어 가는 연정은 한 마음으로 묶이고/ 그림 같은 보금자리 이루어/ 적수공권 살림은 근면 절약 불러오고/ 아등바등 티격태격 천지신명을 찾고/ 나름의 성공을 거두며 소소한 즐거움에/ 보낸 세월 어언 50년 // 백설을 머리에 이고 병마를 이겨내며/ 어제는 어제일 뿐 오늘에 충실하며/ 하늘이 맺어준 인연 하늘에 바치고/ 남은 생의 여백 덜 아프고 더 이해하고/ 더 신뢰하고 사랑하며 백 세 인생으로/ 함께 채워 나가리라. -「함께 한 50년」 전문.

결혼 50주년을 맞이하여 지금의 아내를 맞게 된 경위와 첫사랑의 정은 맺어지지 못해 꿈속으로 사라졌고, 국방의 의무를 위해 군대에 있던 어느날 새로운 여인을 만나 연정을 키워 가며 그것이 익어 한마음으로 묶여서 드디어 결혼하여 2024년이 50주년이 되어 이런 저런 생각들을 표현한 귀한 시편이다.

  50년의 세월이란 강산이 다섯번이나 변한 긴 세월이기에 그간에 얼마나 많은 희노애락의 사건과 사고들이 있었을지는 인생을 아는 사람이라면 넉넉히 알 수 있을 것이다.

  시인은 "백설을 머리에 이고 병마를 이겨내며/ 어제는 어제일 뿐 오늘에 충실하며/ 하늘이 맺어준 인연 하늘에 바치고/ 남은 생의 여백 덜 아프고 더 이해하고/ 더 신뢰하고 사랑하며 백세 인생으로/ 함께 채워 나가리라"에서 보듯이 "결혼 50년을 지내면서 이것 저것 다 경험하고 체험하고 있으니 바랄 것이 있다면 남의 생은 덜 아프고"라고 하였다. 아프지 않는 것이 아니라 아프더라도 덜 아프기를 바라는 것이 바로 지혜라는 것이다. 누구나 젊었을 때 건강할 때는 아프지 않을 줄 알았는데 살아 보니 인생이란 아프지 않을 수가 없음을 경험한 입장에서 덜 아프기를 바라는 마음 이해가 된다. 문제는 더 이해하고 더 신뢰하고 사랑하며 100세 인생으로 부부가 함께 채워 나가기를 바라는 마음이 솔직한 마음인 것이다. 이루어 지지 않은 첫 사랑, 첫 연정은 기억의 창고에 넣어 버리고, 현실은 하늘이 맺어준 부부간의 인연은 하늘에 맡기고 오늘의 주어진 삶을 서로 믿고 의지하며 살아가기를 바라는 마음이 성숙하고 성장한 인생의 참 모습임을 모두에게 깨우쳐 주기도 하는 귀한 메시지라 생각된다.

III. 시 감상을 끝내면서

 류용하 시인의 제 4 집 감상과 느낌을 마무리 하면서 시인은 많은 체험과 경험 그동안 파란만장한 정신적 영적인 삶의 궤적을 엿보게 되었다. 시인은 고향인 경북 영주에서 초등학교, 중학교, 고등학교를 졸업하기까지 시골, 농촌의 삶을 직간접으로 체험한 것이 글 자산이며, 그의 시어들 속에 도시에서 태어난 사람은 결코 느끼지 못할 언어와 분위기, 농촌의 삶을 속속히 알고 체험하면서 정서를 키웠음을 작품속에서 느낄 수 있었다. 그의 시들속에 나타나는 말들이 토속적이고 농촌적임을 보게 되었다.
 예를 들면 버들개지, 호랑나비. 도라지 꽃, 붓꽃, 개울, 떡갈잎, 무말랭이, 개똥벌레, 눈과 바람, 철길따라, 개미장딩이, 허수아비, 솔방울, 설과 어머니, 쑥, 냉이, 진달래, 조이삭 같은 것들이다.
 도시 사람들은 느끼지 못하고 체험할 수 없는 일과 사물들을 직접 체험했다는 것이 귀한 자산이며 또한 상경하여 다양한 고등교육을 받은 것 또한 귀한 자산인 것이다. 방송통신대학교에서 행정학과를 졸업한 것이며 숭실대학교에서 노사관계대학원을 졸업하여 이론과 실무를 익혔다는 것, 그리고 체신부와 노동부 공무원을 거치고 근로복지공단의 여러 직책을 거치고 공단의 본부장까지 하면서 남다른 경험과 체험, 인간관계를 해오시고 정년 퇴임하고 또한 예기치 않은 중병을 앓아 사경을 헤매였으나 그 또한 잘 극복하였고 그동안 어려움과 아픔가운데서도 문학에 뜻을 두어 습작의 과정을 거쳐 등단하자마자 시집(1,2,3집)을 출간했고 한국문인협회 정회원으로 여러 문학단체의 일원으로 왕성한 창작활동을 쉬지 않았다는 사실은 그의 부지런함과 문학에 대한 열정이 남다름을 보게 된다. 특히 시인의 많은 체험과 경험 시골과 도시를 다 겪으며 운신의 폭을 넓혔다는 것이 장점이라 할 것이다. 또한 자녀 교육에도 힘써 변호사로 의사로 부모에게 효도하는 자녀로 양육했음은 그의 숨은 뒷받침이 있었기에 가능했을 것이라 믿어진다. 그런 가운데서도 그리움 속에 시작을 하여 2022년도에는 그가 등단한 "하나로 선 사상과 문학"에서 문학상(본상)까지 받으신 시인인 것이다. 그의 시속에는 늘 그리움이 시마다 녹아 있고 순수한 마음이 문학의 꽃을 피운 것이라 믿어진다.

옛말에 호랑이는 가죽을 남기고 사람은 명성(명예)를 남긴다는 말이 있는데 문학작품으로 네 권의 시집을 상재함을 축하드리며, 계속해서 많은 작품을 창작하셔서 한국 문학사와 세계 문학사에 기록되는 시인으로 독자들의 사랑을 듬뿍 받으시기를 바라며 또 나올 시집 5집을 기대한다.

성원 **박영률**

* 필자는 강원도 양구에서 출생했고, 34년간 교수 봉직(Ed,D, Ph.D). 한국문협홍보위원, 국제펜 평화작가위원회 위원, (사)현대시인협회 지도위원 및 문학단체 고문. (사)우리나라사랑 (통일부법인) 이사장, (사)한국교회복지선교연합회 이사장 (사)세계 시문학 회장, (사)세계기독교문학기협회 이사장 겸 대표회장, 국가발전 기독연구원 대표이며, 시집으로 『한줄기 바람되어』 외 다수, 칼럼집으로 『언덕밭을 갈며』외 다수의 논문이 있다.